Lieblingsorte

42 Ásos [D3]

Das schmucke Dorf ist ein wahres Juwel im Norden Kefaloniás, das man unbedingt besuchen sollte. Häuser mit farbenfrohen Fassaden säumen die kleine, halbmondförmige Bucht, die von den Ruinen einer Venezianischen Burg 43 überragt wird. Der über eine Landzunge mit Ásos verbundene Burgberg ist das ideale Terrain für Wanderfreunde (s. S. 80).

091ke-sm

44 Mírtos Beach [D4]

Was für ein Traumstrand! Der 800 m lange Mírtos Beach mit seinen herrlich weißen Kieseln und dem karibikblauen Meer ist mit der Blauen Flagge ausgezeichnet und liegt zauberhaft eingebettet unterhalb einer hohen Steilwand – ein ideales Fotomotiv. Hier erwartet die Besucher Badevergnügen pur mit paradiesischem Flair (s. S. 83).

007ke-sm

Höhlenseen von Zerváti

Nahezu unbekannt, ziemlich versteckt und dennoch überaus sehenswert sind die beiden Höhlenseen von Zerváti inmitten von Karavómylos etwa mittig an der Ostküste Kefaloniás. Ein schmaler Pfad führt hinab zu dem verträumten Naturparadies. Das Wasser ist glasklar, eiskalt und leuchtet in einem sensationellen Azurblau (s. S. 68).

008ke-sm

Taverne Koutoúki

Traditionelle griechische und kefalonische Hausmannskost serviert die Taverne Koutoúki, die nur wenige Schritte vom Hauptplatz in Argostóli entfernt und dennoch ruhig gelegen ist. Stilecht essen wie die Griechen – so lautet hier das Motto. Besonders lecker sind die hausgemachten Zucchinibällchen mit reichlich Dill (s. S. 31).

009ke-sm

Inhalt

Kleine Kapelle in den Hügeln der Inselhauptstadt Argostóli

MEIN TIPP

Vor der Reise erledigen

› Möchte man in der Hochsaison nach Kefaloniá reisen, empfiehlt es sich, möglichst früh die **Fährüberfahrten** zu buchen (s. S. 120) und sich bei Bedarf um einen **Mietwagen** zu kümmern (s. S. 121).

Bewertung der Sehenswürdigkeiten

★★★ nicht verpassen
★★ besonders sehenswert
★ wichtig für speziell interessierte Besucher

Planquadrat im Kartenmaterial

[A1] Orte ohne diese Angabe liegen außerhalb unserer Karten. Ihre Lage kann aber wie die aller Ortsmarken mithilfe der begleitenden Web-App angezeigt werden (s. Anhang).

Updates zum Buch

www.reise-know-how.de/inseltrip/kefalonia24

Blick auf Ásos 42 mit seiner traumhaften Bucht (010ke ©Noradoa, stock.adobe.com)

Benutzungshinweise

Orientierungssystem

Die in den folgenden Kapiteln beschriebenen Attraktionen sind mit einer **fortlaufenden magentafarbenen Nummer** gekennzeichnet, die sich als Ortsmarke im Faltplan oder Detailplan wiederfindet. Steht die Nummer im Fließtext, verweist sie auf die Beschreibung dieser Attraktion.

Die Angabe in **eckigen Klammern** verweist auf das Planquadrat im Faltplan oder auf die Seite des Detailplans. Beispiele:

24 Kástro Agíou Georgíou ★★★ [D9]
2 De-Bosset-Brücke ★★★ [S. 144]

Alle weiteren Points of Interest wie Unterkünfte, Restaurants oder Cafés sind mit einer Nummer in **spitzen Klammern** versehen. Anhand dieser eindeutigen Nummer können die Orte in unserer speziell aufbereiteten Web-App unter www.reise-know-how.de/inseltrip/kefalonia24 lokalisiert werden (s. S. 144). Beispiel:

› **Trentis Bar** <030>

Beginnen die Points of Interest mit einem **farbigen Quadrat,** so sind sie zusätzlich in den Detailplänen eingezeichnet:

■ **Ampelaki Greek Restaurant** €€ <017>

Der Schmetterling ...

... zeigt an, wo man besonders gut Natur erleben kann oder Angebote im Bereich des nachhaltigen Tourismus findet.

Kinder-Tipps

Das Symbol kennzeichnet Sehenswertes, Unterkünfte und Aktivitäten, an denen auch kleine Urlauber ihre Freude haben.

Preiskategorien

Lokale

€	bis 25 €
€€	25–35 €
€€€	ab 35 €

Die Preise beziehen sich auf ein dreigängiges Menü ohne Getränke.

Unterkünfte

€	bis 100 €
€€	100–180 €
€€€	ab 180 €

Die Preise gelten für ein Doppelzimmer mit eigenem Bad in der Hauptsaison.

Vorwahlen

› **Griechenland:** +30
› **Kefaloniá:** 26710

Bei Festnetznummern muss die Inselvorwahl vor der eigentlichen Telefonnummer gewählt werden. Bei Mobilfunknummern, die stets mit 69 beginnen, entfällt die Inselvorwahl. In diesem Buch sind immer die vollständigen Telefonnummern mit der Orts- bzw. Mobilvorwahl, aber ohne Landesvorwahl angegeben.

Abkürzungen

› Epar. Od. für *Eparchiakí Odós* (Landstraße)
› Leof. für *Leofóros* (Allee)
› Pl. für *Platía* (Platz)

Aussprache

Die Betonung der deutschen Umschrift des Griechischen ist im Buch mit Akzenten angegeben. Auf der Karte entfallen diese.

011ke ©adisa, stock.adobe.com

Kefaloniá im Überblick

Wer mit dem Flugzeug nach Kefaloniá reist, kann schon beim **Landeanflug** erahnen, dass die Insel herrliche Küstenabschnitte zu bieten hat. Der **Flughafen** liegt rund 7 km südlich der Inselhauptstadt Argostóli unmittelbar an der Westküste. Der der Landebahn südlich vorgelagerte Sandstrand **Ámmes** (s. S. 49) fällt von oben sofort in den Blick: Er ist bei Besuchern wegen der direkt über den Köpfen der Badenden schwebenden Flugzeuge äußerst populär – ein einmaliges, wenngleich recht geräuschintensives Vergnügen. Das ist natürlich nicht der einzige Strand, der Badefreuden verspricht: Nur 5 km weiter nördlich liegt der isolierte, nur per Boot erreichbare **White Rocks Beach** (s. S. 30), der sich dank weißer Felsen im türkisblauen Meer großer Beliebtheit erfreut. Und einen weiteren Kilometer gen Norden erstrecken sich die bei Reisenden geschätzten Strandabschnitte **Platís Gialós** und **Makrís Gialós** (s. S. 30), die eine ausgezeichnete Infrastruktur bieten. Sie gehören zum Badeort **Lássi** [C8], der nur knapp 2 km südlich von Argostóli gelegen ist. Lássi ist mit Pensionen und Hotels übersät und verwandelt sich in den Sommermonaten in ein touristisches Zentrum.

Die Kapitale **Argostóli**, die sich auf der rechten Seite einer schmalen Halbinsel erstreckt, lässt sich ausgezeichnet zu Fuß erkunden. Ihr **Wahrzeichen**, die steinerne, fast 690 m lange **De-Bosset-Brücke** (2), steht eindrucksvoll in der Bucht von Argostóli und verbindet die Hauptstadt mit dem Rest der Insel. Vor allem am Abend, wenn die Brücke Hunderte Lichter zieren, bietet sie einen bezaubernden Anblick vor der Kulisse der gleichsam beleuchteten Stadt.

In Argostóli tobt das Leben nicht nur am Tag, sondern auch in der Nacht. Besonders der **Hauptplatz Platía Valliánou** ist ein beliebter Treffpunkt der Insulaner und ideal für ein Abendessen in geselliger Runde. Ein wenig ruhiger geht es in den Seitenstraßen zu. Ein Highlight für Groß und Klein sind die morgens am **Fischerhafen** umherschwimmenden **Meeresschildkröten**, die auf einen Happen Fisch hoffen. Am nordöstlichsten Punkt der Halbinsel thront der **Leuchtturm Ágioi Theodóroi** (7) mit seiner eigenwilligen Säulenarchitektur. An der gegenüberliegenden, nordwestlichen Spitze liegen die geheimnisumwitterten **Katavothren** (6), wo sich das Phänomen des verschluckten Meerwassers beobachten lässt. Hier steht ferner das **Monumento ai Caduti Italiani** (5), das „Denkmal für die gefallenen Italiener", das an die Opfer eines der größten deutschen Kriegsverbrechen des Zweiten Weltkriegs in Griechenland erinnert.

Vorseite: Das Meer vor Kefaloniá leuchtet in herrlichen Blautönen

012ke-sm

Sámi (30): idyllische Gassen mit viel Grün

013ke-sm

Fünf Inselbereiche mit eigenem Charakter

Kefaloniá ist von Gebirgen durchzogen, nur in den Küstengebieten ist es zum Teil flach. Das Eiland lässt sich in **fünf große Gebiete** einteilen: Argostóli und Umgebung, Süden und Südosten, Mitte und Osten, Norden und die Halbinsel Palikí. Alle fünf Bereiche haben ihre Besonderheiten.

Die Hauptstadt **Argostóli und deren nähere Umgebung** (s. S. 16) bilden das gut besuchte touristische Zentrum der Insel. Hier finden Urlauber eine Vielzahl von Unterkünften, Geschäften, Gastronomiebetrieben, Nightlife-Spots und Badestränden mit ausgezeichneter Infrastruktur sowie Wassersportanbietern vor.

Der **Süden und Südosten** (s. S. 34) weist im Landesinneren eher ruhige, beschauliche Gegenden auf – hier schmiegen sich kleine Bergdörfer malerisch an die Hänge. **Aínos** 12, der **höchste Gipfel der Insel**, dominiert die üppig-grüne Landschaft und der geheimnisvolle **Schlangenkult** in der Heiligen Kirche der Panagía Fidoúsa 15 zieht jedes Jahr viele Besucher in den Bann. An den Küsten herrscht hingegen etwas mehr Trubel. Bei **Lourdáta** 13 erstreckt sich einer der gefragtesten und längsten Sandstrände der Insel. An der Südostküste liegen die beiden Küstensiedlungen **Skála** 16 und **Póros** 19. Skála ist vornehmlich für seinen Sandstrand bekannt, der mit einer Länge von über 2 km der längste Strand Kefaloniás ist. Póros ist mit seinem Hafen ein Tor zur Insel: Hier kommen regelmäßig die Fähren vom Festland, aus der Stadt Kyllíni, an.

Die **Mitte und der Osten Kefaloniás** (s. S. 47) hat spektakuläre Tropfsteinhöhlen, urige Geisterdörfer wie **Alt-Valsamáta** 26, Klöster und Burganlagen von Rang wie das **Kástro Agíou Georgíou** 24 zu bieten. Touristisch bedeutend sind die **Melissáni-Höhle** 35 mit dem kleinen Höhlensee, über den sich Besucher mit einem Boot schippern lassen können, und die **Drogaráti-Höhle** 28, die von Tausenden Stalagmiten und Stalaktiten übersät ist. Beide Höhlen liegen, ebenso wie die versteckten **Höhlenseen von Zerváti** (s. S. 68), an der Ostküste in der Nähe von **Sámi** 30.

Eine Fähre passiert die Insel in Höhe von Vináries [C7]

Inselsteckbrief

- **Lage und Archipel:** Kefaloniá ist der Westküste Griechenlands vorgelagert und die größte der Ionischen Inseln, zu der auch Korfu, Paxós, Lefkáda, Ithaka (Itháki) und Zákynthos zählen. Sie liegt westlich der Einfahrt zum Golf von Pátras, etwa auf dem Breitengrad, auf dem sich der Süden Italiens und Spaniens sowie der Norden Siziliens befinden.
- **Länge:** 48 km
- **Breite:** 30 km
- **Fläche:** 773 km²
- **Einwohner:** ca. 36.000
- **Küstenlänge:** ca. 254 km
- **Höchste Erhebung:** Aínos 12, 1628 m
- **Hauptstadt:** Argostóli
- **Nachbarinseln:** Lefkáda im Norden, Itháki im Osten, Zákynthos im Süden

Sámi ist ein charmanter, bei Reisenden beliebter Küstenort mit kleinem Hafen, den Ruinen einer römischen Villa 17 und dem aus dem Film „Corellis Mandoline“ (s. S. 66) bekannten **Andísamos Beach** 34. Das rund 5 km nordwestlich von Sámi gelegene **Alt-Vlacháta** 36 ist ebenfalls ein verlassenes Geisterdorf, wenngleich es mehr Besucher anzieht als Alt-Valsamáta, da es schlichtweg bekannter ist. Hier findet einmal im Jahr ein Musikfestival (s. S. 106) statt. An der Ostküste lockt nördlich von Sámi das kleine, idyllische Fischerdörfchen **Agía Effimía** 37 mit seinem schmucken Jacht- und Segelhafen, das meist nur als Zwischenstopp für Reisen in den Norden fungiert – zu Unrecht! Gerade für Ruhesuchende ist das Dorf perfekt, denn hier herrscht weit weniger Trubel als etwa in Argostóli, Lássi, Sámi oder Skála.

Wer in den **Norden Kefaloniás** (s. S. 73) fährt, steuert unweigerlich den berühmten **Mírtos Beach** 44 an der Westküste an, eines der schönsten Badeparadiese Griechenlands. Serpentinen schlängeln sich die Steilküste hinab bis zu dem aus weißen Kieselsteinen bestehenden Strand am karibikblauen Wasser. Wegen seiner Bekanntheit kann es hier in der Sommersaison recht voll werden. Die Aussichtsplattform oberhalb des Strandes ist ein idealer Fotopunkt. Beschaulicher geht es in der Küstensiedlung **Ásos** 42 zu, die ebenfalls ein hübsches Fotomotiv darstellt. Das kleine Paradies liegt in einer herrlichen Bucht. Eine Landzunge verbindet den Ort mit einer kleinen Halbinsel, auf der die gleichnamige **Venezianische Burg** 43 thront. Das am nördlichsten Zipfel Kefaloniás gelegene **Fiskárdo** 38 ist – besonders im Sommer – ein echter Touristenmagnet. Der Grund dafür ist die architektonische Ursprünglichkeit

Das Kloster der Heiligen Jungfrau von Agrilíon 33

der Siedlung: Anders als der Rest der Insel wurde Fiskárdo vom folgenschweren Erdbeben von 1953 nicht zerstört, sondern blieb weitestgehend unversehrt erhalten.

Ganz im Westen Kefaloniás liegt die **Halbinsel Palikí** (s. S. 85). Sie ist von hügeliger Gestalt und überrascht im Inneren mit pittoresken Dörfern, die kaum touristisch erschlossen sind. An der Küste wird die Halbinsel von vielen kleinen Buchten und Stränden umringt. Besonders empfehlenswert sind **Xi Beach** 46 an der Südküste, der wegen seiner rotbraunen Sandfarbe beliebt ist, und **Petaní Beach** 48 an der Nordwestküste, der wegen seiner spektakulären Lage in einer Bucht auch als „zweiter Mírtos Beach" bezeichnet wird. **Lixoúri** 45, der Hauptort der Halbinsel, liegt an der Ostküste und ist bei Besuchern aufgrund der halbstündlichen Fährverbindung nach Argostóli beliebt. Das **Kloster Iperagías Theotókou Kipouréon** 47 ist eines der schönsten Kefaloniás, thront es doch einsam auf den Westklippen der Halbinsel.

Kirchen, Küsten, Kulinarik – für jeden das Passende

Kirchenliebhaber werden sich auf Kefaloniá sehr wohl fühlen: Über die Insel sind etliche orthodoxe Kirchen, Kapellen und Klöster verstreut, die mal gut erschlossen und mal versteckt oder nur nach langem Fußmarsch erreichbar sind. Auch die Hauptorte verfügen meist über mehr als eine Handvoll religiöser Bauten.

Sonnenanbeter und Badende, die den Tag gern am Strand verbringen und dabei nicht auf Komfort verzichten möchten, sind in Lássi, Lourdáta und Skála bestens aufgehoben. Hier gibt es auch Anbieter für **Wassersport** (s. S. 96).

Wer sich ins **Nachtleben** stürzen möchte und **Gaumenfreuden** zu schätzen weiß, der kommt in der Hauptstadt Argostóli oder in Fiskárdo und Lixoúri auf seine Kosten. Vor allem wenn man nicht mobil ist und dennoch die Vielfalt der Insel kennenlernen möchte, sollte man sich eine Unterkunft in der Hauptstadt suchen, denn vor Ort ist alles zu Fuß erreichbar und an der Hafenmeile findet man etliche Anbieter etwa für **Busrundfahrten und Bootsausflüge.**

Malerisch eingebettet: Petaní Beach 48 auf der Halbinsel Palikí

014ke-sm

016ke-sm

Romantiker erleben unvergleichliche Sonnenuntergänge, wenn sie etwa eine Unterkunft am Petaní Beach beziehen. Für **Ruhesuchende** sind Agía Effimía und Ásos empfehlenswert. Einige beliebte Strände wie Mírtos, Xi oder der Ortsstrand von Sámi sind in der Sommersaison überlaufen und nichts für Menschen, die lieber für sich baden. Kleine, versteckte Buchten wie Kalamiá (s. S. 29) unweit der Hauptstadt sowie Alatiés (s. S. 79) und Fóki (s. S. 78) im Norden sind weniger stark frequentiert.

Wer **Kefaloniás Kultur und Geschichte** intensiv kennenlernen möchte, der sollte sich unbedingt ins Inselinnere vorwagen, das von zahllosen kleinen, beschaulichen Dörfern durchzogen ist, die fast alle kaum touristisch erschlossen sind. Keinesfalls ist dies ein Hinweis darauf, dass ein Besuch nicht lohnenswert wäre, denn oftmals sind die Bergdörfer schon aufgrund ihrer Lage und Aussicht attraktiv für Besucher. Wer durch die Gassen schlendert oder sich in einer Taverne niederlässt, dem begegnen nicht selten Kuriositäten, authentische Fotomotive und nette Gesprächspartner.

Insgesamt ist Kefaloniá eine ausgesprochen **vielseitige Insel**, die für jeden Geschmack etwas parat hält. Sonne, Strand und Meer gibt es in Hülle und Fülle, Berge und Schluchten lassen das Herz von Wanderern und Abenteurern höherschlagen und fantastische Sonnenuntergänge verschaffen Romantikern, Träumern und Verliebten Gänsehaut pur.

Insbesondere im letzten Jahrzehnt hat Kefaloniá einen Wandel erlebt. Das Straßennetz wurde ausgebaut und eine Vielzahl von Hotels errichtet. Neue Wanderwege wurden angelegt. Der **Tourismus** gewinnt an Bedeutung, weshalb immer mehr Ferienhäuser in bester Lage vermietet und Tavernen sowie Cafés aus dem Boden gestampft werden.

Wie die Insel erkunden?

Grundsätzlich sollte man auf Kefaloniá gut zu Fuß sein, denn Busse halten nicht überall und so sind **längere Fußwege** oft unvermeidlich. Der **Busverkehr** (s. S. 131) ist nicht auf Urlauber, sondern überwiegend auf die Einheimischen ausgelegt, die morgens zur Arbeit in die Hauptstadt oder aber zur Schule müssen und dann am Nachmittag wieder zurück in ihr

◻ *In luftigen Höhen thront das Kástro Agíou Georgíou* 24

Heimatdorf fahren. Entsprechend selten verkehren die Busse.

Urlauber sollten daher am besten ein **eigenes Fahrzeug** mieten. Gewöhnlich werden **Pkws** und **Zweiräder** vermietet, **Quads** sieht man eher selten auf den Straßen Kefaloniás. Empfehlenswert ist ein Auto als verkehrssicherste Variante, da die Straßen auf Kefaloniá sehr kurvenreich, teils sehr schmal und mitunter nicht asphaltiert sind. Der überwiegende Teil der Straßen ist jedoch in gutem Zustand, insbesondere die Routen zu den bedeutenden Sehenswürdigkeiten. Bei sekundären Sehenswürdigkeiten wie Kirchen und Klöstern kann die Straße nicht selten in eine Holperpiste übergehen, die stellenweise auch Schlaglöcher aufweisen kann.

Empfehlenswert und umfangreich ist das Angebot an **Rundfahrten und Ausflügen** (s. Touren S. 127), die sich vor Ort und häufig auch vorab online buchen lassen. Alternativ kann man sich per **Taxi** (s. S. 132) über die Insel kutschieren lassen.

Auch **Wanderer** finden auf Kefaloniá gute Bedingungen vor, wenngleich manche Pisten etwas verwildert sind (Routenvorschläge s. S. 98). Eher selten sind **Radfahrer** unterwegs, nicht zuletzt wegen kaum vorhandener Ausleihstationen (s. S. 103).

Namenskunde: Képhalos, Kefaloniá und Kefallinía

Kefaloniá ist die neugriechische Bezeichnung für die im Altgriechischen Kefallinía genannte Insel. Kefallinía wird von den Bewohnern ebenfalls gebraucht. Etymologisch betrachtet setzt sich das Wort Kefallinía aus „kéfalos" („Kopf") und der Endung „-inia" („benannt nach", „sich beziehen auf") zusammen.

Oft wurde fälschlicherweise angenommen, dass sich der Name der Insel von dem mythischen Helden Képhalos ableitet, der das Eiland nach früherer attischer Ansicht entweder erobert oder sich dort niedergelassen haben soll. Jedoch wird diese Theorie in der Wissenschaft größtenteils abgelehnt, da die Insel zu jener Zeit, als sich der Mythos formte, bereits Kefallinía hieß. Vielmehr scheint es wahrscheinlich, dass Kefaloniá nach den zunächst in den Bergen lebenden ersten Siedlern benannt ist. Dem Archäologen Spyrídon Marinátos zufolge stammten die ersten Siedler ursprünglich aus der westlichen Peloponnes, während der Historiker Sakellaríou einen Herkunftsort zwischen Epirus und Mazedonien für am wahrscheinlichsten hält. Beide nennen Gebirgsregionen. Zwar bedeutet „kéfalos" in erster Linie „Kopf", jedoch wurden damit gemäß dem Wörterbuch der altgriechischen Sprache auch hohe Berge und Gebirge bezeichnet, wie beispielsweise der Berg Kefáli auf Kreta.

Die frühen Bewohner Kefaloniás wohnten nicht etwa wie heute vornehmlich an der Küste, sondern größtenteils in den Bergen, wodurch sie zu „Kefallenen" bzw. „Kefallinen" wurden. Die Bezeichnung „Kefallene" für die Insulaner prägte sich in der Zeit von Plinius, Livius und Seneca. „Kefalline" war die Bezeichnung der Einwohner Kefaloniás auf den Ionischen Inseln, „Kefallane" hießen sie im dorischen Dialekt. Das doppelte „l" in Kefallinía wurde erstmals in Homers „Odyssee" verwendet. Dies ist metrisch begründet, da die Silbe „fa" zwei nachfolgende Konsonanten verlangt.

Inselhauptstadt Argostóli

Αργοστόλι

Die 1757 gegründete Hauptstadt Kefaloniás erstreckt sich über rund 3,5 km in einer geschützten Bucht im Westen des Eilands. Dort schmiegt sich Argostóli [C8] an die östliche Seite einer schmalen Halbinsel. Argostóli ist das aktive Zentrum des Eilands und wird ganzjährig von rund 10.000 Einheimischen bewohnt.

Die Inselkapitale lässt sich gut **zu Fuß erkunden.** Ungeachtet ihrer Ausdehnung bewegt man sich normalerweise eher im Stadtkern und entlang der Hafenmeile, also in einem Radius von etwa 1 bis 1,5 km.

Ein wichtiger Verkehrsknotenpunkt ist der **Hafen**, an dem Kreuzfahrtschiffe wie auch Fischerboote, Segelschiffe und Fähren anlegen. Die von Palmen gesäumte, breite **Hafenmeile Leof. Antóni Trítsi** ist bei Urlaubern sehr beliebt, denn hier reihen sich zahllose Tavernen und Cafés aneinander: Man hat die Wahl zwischen gemütlich-urigen und modern-stylishen Lokalen. Außerdem werden Busrundfahrten und Segelbootausflüge angeboten und etliche Obst- und Gemüsehändler sowie Super- und Minimärkte bieten ihre Waren feil.

Neben den stets hungrigen **Meeresschildkröten**, die sich jeden Morgen am kleinen **Fischerhafen** in der Mitte des Hafengeländes einfinden, ist die steinerne **De-Bosset-Brücke** 2 im südlichen Bereich eine der Hauptattraktionen Argostólis. **Kreuzfahrtschiffe** ankern am Cruise Ship Terminal im nördlichen Teil des Hafens. Weiter südlich befindet sich der Fähranleger für die Boote nach **Lixoúri** 45, dem Hauptort der Halbinsel Palikí.

Der **Stadtkern** von Argostóli ist von engen Gassen mit Geschäften und Lokalen geprägt. Blumen und Bäume zieren Treppenstufen, Gärten, Balkone und Terrassen. Katzen dösen an schattigen Plätzen auf dem Gesims alter Häuser oder liegen gemütlich quer über dem Gehweg. Der stets gut besuchte **Hauptplatz Platía Valliánou** ist der größte der Stadt. Hier tummeln sich insbesondere in den Abendstunden viele Kinder, die lautstark ihren Spielen nachgehen. Erwachsene genießen ein Schwätzchen inmitten des

Die Hafenpromenade von Argostóli lädt zu langen Spaziergängen ein

017ke-sm

Platzes oder sitzen auf den Bänken, die sich rundherum befinden. Ihre Vierbeiner toben fröhlich über den Platz und kläffen ab und zu eine vorbeilaufende Katze an.

Westlich grenzt der Platz an einen größeren Spielplatz und den Stadtpark namens **Parco Napier,** benannt nach dem britischen General (s. S. 20). Südlich befinden sich das städtische **Theater,** das im Laufe der Geschichte mehrfach umgebaut wurde, die sehenswerte **Korgialénios-Bibliothek** ❸ samt **Volkskundemuseum** und die **Fokás-Kosmetátos-Stiftung** ❹. Nordöstlich schließt sich der Anlegeplatz für die Lixoúri-Fähren an und nördlich ein größeres Wohnviertel. Westlich vom Stadtkern erhebt sich ein bewaldeter Hügel mit dem **Denkmal für die gefallenen Italiener** ❺ aus dem Zweiten Weltkrieg, an der Westspitze der Halbinsel steht der architektonisch interessante **Leuchtturm** ❼.

Besonders reizvoll ist ein Spaziergang vom Stadtkern an der Ostküste der Halbinsel entlang gen Norden, wie sie in **Wanderung 3** auf S. 100 vorgestellt wird. An der **Nordküste** angekommen, kann man die **Meerwassermühle** ❻ besuchen – hier kann man dem Naturphänomen der **Katavothren** auf den Grund gehen, über das sich Wissenschaftler jahrzehntelang den Kopf zerbrachen. Auf dem Weg dorthin lassen sich vor allem im Bereich hinter der Taverne Vinaries (s. S. 32) **Mosaike, Fliesen und Mauerreste** alter Häuser entdecken, Überbleibsel aus der Zeit vor dem verheerenden **Erdbeben von 1953** (s. S. 70). Damals wurde Argostóli nahezu komplett in Schutt und Asche gelegt, weshalb die Stadt einen Großteil ihrer imposanten, italienisch anmutenden Villen und Herrenhäuser mit Renaissance- und Barockelementen verlor, die bis dahin das Stadtbild dominierten. Was blieb, sind nur wenige, scheinbar längst vergessene Gebäude und einzelne architektonische Spuren, die sich aufmerksamen Besuchern offenbaren. Die Küstenlinie bis zu den Katavothren wurde mit dem Schutt abgerissener Häuser aufgefüllt und damit stark verändert.

018ke-sm

⌃ *In der Hauptstadt blüht es reichlich. Viele Gärten verschönern die Stadt.*

❶ Platía Kambánas mit Pírgos ★★ [S. 144]

Η Πλατεία Καμπάνας και ο Πύργος του Ρολογιού

Der „**Glockenplatz**" mit seinem Uhrturm ist auf den ersten Blick vielleicht kaum erwähnenswert, wenn da nicht seine Historie und einige nennenswerte Details wären. Im Laufe der Geschichte veränderte sich die Platía Kambánas nämlich durch die politischen Machtverhältnisse und die Naturgewalten immer wieder.

Als Argostóli 1757 offiziell zur Hauptstadt Kefaloniás wurde, war sie lediglich eine kleine Siedlung. Die Platía Kambánas hieß damals, unter venezianischer Herrschaft, noch **Markusplatz** und anschließend, als die

019ke-sm

Franzosen die Stadt von den Venezianern befreiten, **Freiheitsplatz.** Unter den Engländern wandelte sich der Platz ab 1853 zu einem Ort für Folter und Prügel, als diese den Turm in eine Gendarmeriestation und ein Gefängnis umfunktionierten und Gefangene auf dem Platz auspeitschten. Ein weiteres dunkles Kapitel folgte im Zweiten Weltkrieg, als im Zuge der italienisch-deutschen Besatzung 1941–1944 zahlreiche Widerstandskämpfer auf dem Platz verhaftet und anschließend eingesperrt, gefoltert und zum Teil in Konzentrationslager deportiert wurden. 1953 ereignete sich das wohl schwerste Erdbeben in der Geschichte der Insel, das den Platz weitestgehend zerstörte. War er bis 1953 noch mit hohen Palmen, Orangenbäumen, einer riesigen Pappel und einem runden Trinkwasserbrunnen in der Mitte geschmückt, so finden Besucher heute nur noch zwei einzelne Palmen, einige frisch gepflanzte Bäumchen und einen angedeuteten Brunnen vor.

Zur Geschichte des Brunnens lässt sich sagen, dass dieser ursprünglich 1889 eingerichtet worden war. Es handelte sich um einen **artesischen Brunnen,** d. h. ein Brunnen unterhalb des Grundwasserspiegels, dessen Wasser durch Überdruck aufsteigt. Die Wasserqualität wurde später als nicht gesundheitsverträglich eingestuft, weshalb der Brunnen geschlossen wurde. An dessen Stelle wurde 1996 eine runde Steinplattenkonstruktion gesetzt, die an den früheren Brunnen erinnern soll.

Der ursprüngliche **Uhrturm** (**Pírgos**) wurde zwischen 1770 und 1790 aus Stein mit einer großen **Glocke** errichtet, die an zwei gekreuzten Eisenstangen hing. Der Bau wurde zu jener Zeit als Verwaltungsgebäude genutzt. Später fungierte er unter anderem als Gendarmeriestation. Im Zuge des Erdbebens von 1953 wurde er zerstört, wie durch ein Wunder blieb die Glocke aber unversehrt. Sie wurde nach dem Wiederaufbau des Uhrturms 1976 wieder an alter Stelle aufgehängt und funktionierte 1985 erstmals zusammen mit der Uhr.

Im Jahr 2000 wurde im Uhrturm ein **Café** eingerichtet, und zwar im Rahmen eines von der lokalen Regierung ins Leben gerufenen Pilotprojekts, das Menschen mit psychischen Pro-

Die Platía Kambánas ❶ *mit ihrem Uhrturm ist ein beliebter Treffpunkt*

Blick auf die De-Bosset-Brücke vom Argostóli gegenüberliegenden Ufer aus

blemen einen Wiedereinstieg in den Arbeitsmarkt ermöglichte. Das Café erfreute sich bei der einheimischen Bevölkerung großer Beliebtheit. Zugleich bot es Besuchern die Möglichkeit, das Innere des Turms samt altem Uhrwerk und einer Ausstellung zu besichtigen und die herrliche Aussicht bis zur Halbinsel Palikí und zum Kástro Agíou Georgíou 24 zu genießen. Bedauerlicherweise scheiterte das Projekt 2013, als ein neuer Bürgermeister das Amt übernahm. Daher ist das Café heute leider geschlossen und der Turm nicht mehr zugänglich. Nichtsdestotrotz bleibt die Platía Kambánas ein beliebter **Treffpunkt** für die Einheimischen.

› **Wegbeschreibung:** ca. 150 m nördlich der De-Bosset-Brücke 2 und 800 m südlich des Hauptplatzes Pl. Valliánou gelegen, am besten zu Fuß erreichbar

2 De-Bosset-Brücke ★★★ [S. 144]

Γέφυρα Ντε Μποσέ

Die 1813 von dem Schweizer Ingenieur **Charles de Bosset** (s. S. 20) errichtete Steinbrücke hat eine beeindruckende Länge von 689,90 m und gilt als **Wahrzeichen** der Hauptstadt. Der gewaltige Bau verbindet die Stadt mit dem östlich gelegenen Ufer bei **Drápano.** Mithilfe der Brücke sollte die Fahrt nach Lixoúri 45 verkürzt werden, denn um dorthin zu gelangen, musste man ursprünglich die gesamte Bucht von Argostóli, auch bekannt als **Lagune,** umrunden. Anfänglich wurde die Pontes, wie die Brücke lange Zeit im Dialekt bezeichnet wurde, aus Holz konstruiert, später jedoch nach und nach durch Sandstein ersetzt. Sie gilt bis heute als **längste über dem Meer errichtete Steinbrücke der Welt.**

Der Brückenverkehr wurde ab 2009 nach und nach eingeschränkt. Ein Gutachten empfahl die Sanierung der Brücke, was zwischen 2011 und 2013 erfolgte. Nach Abschluss der Sanierungen wurde die De-Bosset-Brücke als reine **Fußgängerbrücke** wieder in Betrieb genommen.

In der Mitte thront ein **Obelisk** auf quadratischem Fundament im Wasser, etwas abseits der Brücke. Darauf ist eine kleine **Marmortafel** zur Erinnerung an Charles de Bosset angebracht. Ebenso wie die Brücke ist der Obelisk nur knapp über dem Meeresspiegel errichtet. Ein **Spaziergang** über die Brücke ist besonders zur Abendzeit ein Erlebnis, wenn die Sonne den Himmel in ein leuchtend rotes Farbenmeer verwandelt.

020ke-sm

KURZ & KNAPP

Zwei bedeutende Inselbewohner

Der Schweizer Ingenieur **Charles-Philippe de Bosset** (1773–1845) war ein Offizier der britischen Armee und in den Jahren 1810–1813 Inselgouverneur von Kefaloniá. Unter seiner Ägide wurde die Infrastruktur der Insel ausgebaut. Straßen entstanden ebenso wie die nach ihm benannte De-Bosset-Brücke ❷ in Argostóli.

Der britische General **Charles James Napier** (1782–1853) war Oberbefehlshaber der Truppen der Britischen Ostindien-Kompanie, der Gesellschaft für den Kolonialhandel mit Indien. Im Zeitraum 1823–1825 unterstützte er griechische Freiheitskämpfer gegen die Fremdherrschaft der Osmanen und setzte sich für eine unabhängige griechische Republik ein. In Argostóli wurde der Stadtpark (Parco Napier) nahe dem Hauptplatz nach ihm benannt.

Wer die Brücke nach Drápano ganz überquert und der Hauptstraße linker Hand bergauf rund 200 m folgt, der erreicht einen **Aussichtspunkt**, von dem aus sich Argostóli samt seiner beeindruckenden Brücke fotografisch hervorragend einfangen lässt.

› Zugang nur für Fußgänger

❸ Korgialénios-Bibliothek mit Volkskundemuseum ★★ [S. 144]

Κοργιαλένειο Βιβλιοθήκη και Ιστορικό Λαογραφικό Μουσείο

Das **Historische und Volkskundliche Museum** residiert im **Untergeschoss** der 1963 neu errichteten Korgialénios-Bibliothek, die zentral rund 350 m südwestlich des Hauptplatzes Pl. Valliánou gelegen ist. Das ursprüngliche Gebäude war zuvor durch das Erdbeben von 1953 zum Teil zerstört worden. Der heutige Bau weist eher eine **schlichte Fassade** auf, vor dem Erdbeben jedoch besaß er eine mit schmückenden Steinelementen, Nischen und ionischen Säulen dekorierte Front. Am Eingang befindet sich damals wie heute eine breite **Marmortreppe.**

Das Museum befasst sich mit der **Inselgeschichte und Folklore** Kefaloniás von der venezianischen Herrschaft bis zum Jahr 1953, als das Erdbeben die Insel heimsuchte. Es wird vor allem der **Alltag der Inselbewohner** vor dem Hintergrund historischer Entwicklungen und den Folgen von Naturgewalten, Kriegen und Eroberungen dargestellt.

Das Museum ist in **vier Bereiche** unterteilt: Der erste Bereich zeigt vielfältige Exponate wie Haushaltsgeräte, Tafelsilber, Porzellan, Kopien historischer Dokumente, Aquarelle, Stickereien, Alltagsutensilien der Landbevölkerung, Karten, Lithografien, Drucke, geschnitzte Holzaltäre, Ikonen, Münzen, Kirchenausstattung und Trachten. Darüber hinaus ist ein voll ausgestattetes Schlafzimmer zu sehen. Der zweite Teil ist eine Dauerausstellung, die in die Bereiche Stadtgestaltung, Kirchenkunst und Landleben unterteilt ist. Davon getrennt ist der dritte Bereich, eine Sammlung byzantinischer Ikonen. Der vierte Bereich umfasst das Fotoarchiv, das rund 3000 Fotografien von Kefaloniá vor dem Erdbeben birgt.

Das Museum ist Mitglied im **Internationalen Museumsrat** ICOM und hat durchaus internationale Bedeutung erlangt. Rund 15.000 Besucher kommen jährlich in den Sommermo-

Die gelb getünchte Korgialénios-Bibliothek mit ihrer Baumskulptur

naten, um die teilweise seltenen Ausstellungsstücke zu bewundern. In der Winterzeit werden vorrangig Schulklassen durch die Ausstellung geführt.

Wer der Treppe nach oben folgt, kann einen Blick in eine der umfangreichsten Staatsbibliotheken Griechenlands werfen, die neben einer umfangreichen Zeitschriften- und Magazinsammlung über 76.000 Bände enthält, darunter sehr kostbare Stücke wie ein Exemplar des byzantinischen Lexikons **Suda** aus dem Jahr 1501.

Die urig wirkende Bibliothek ist bis zur Decke mit Büchern gefüllt. Zum Bestand zählt u. a. eine Büchersammlung zu den Ionischen Inseln und eine Leihsammlung aus Kinderbüchern und Klassikern. Im **Lesesaal** befindet sich eine Ikone des hl. Andreas aus dem 18. Jh. und ein Ausschnitt der Ikonostase (dreitürige Bilderwand) des hl. Andreas aus dem 13. Jh.

Übrigens: Gleich neben der Bibliothek steht ein Haus, das durch das Erdbeben von 1953 seine beiden oberen Stockwerke verlor. Interessant ist, dass das Erdgeschoss und der erste Stock fast im ursprünglichen Zustand geblieben sind. Somit ist das **Haus der Familie Vrettós** ein schönes und seltenes Beispiel für die Inselarchitektur vor der Zäsur von 1953.

› Ilía Zervoú 12, **Museum:** Tel. 2671028221, Mo–Sa 9–14 Uhr, Eintritt: 4 €, erm. 3 €, Kinder unter 12 Jahren frei; **Bibliothek:** Tel. 2671022583, Mo–Fr 9–0.30 Uhr, Eintritt frei

4 Fokás-Kosmetátos-Stiftung ★ [S. 144]

Ίδρυμα Υιών Παναγή Φωκά–Κοσμετάτου

Die Stiftung wurde 1983 von den **drei Brüdern** Spirídonos, Kosmétos und Nikólaos Fokás-Kosmetátos gegründet. Die Brüder hatten eine Vision: Sie wollten ihr Elternhaus in ein Museum umwandeln, dort die Exponate ihrer Privatsammlung ausstellen und einen Lernort für Kinder und Jugendliche schaffen, und zwar in Form von Ausstellungen, Exkursionen, Veranstaltungen sowie der Publikation und Ausleihe von Büchern. Daneben gründeten sie noch den **Botanischen Garten** 10.

Die Stiftung hat ihren Sitz in einer zweigeschossigen Villa im italienischen Architekturstil südlich des Hauptplatzes. Besonders interessant sind die **Lithografien und Fotografi-**

021ke-sm

en von Kefaloniá und der Inselgruppe aus der Zeit vor dem Erdbeben von 1953. Die im Gebäude befindliche **Bibliothek** umfasst hauptsächlich Werke zu den Ionischen Inseln. Für Münzliebhaber könnte die **numismatische Sammlung** von Interesse sein, denn diese umfasst unter anderem Exemplare der antiken Städte Kráni ❾, Prónnoi, Samé (heute Sámi ㉚) und Pále.

Im **Museumsshop** lassen sich unter anderem Nachdrucke der Lithografien und Bücher zu Kefaloniá erstehen.

› Pl. Valliánou, Tel. 2671026595, www.focas-cosmetatos.gr/main_en.html, Mai–Okt. Mo–Fr 10–14 Uhr, Eintritt frei

❺ Monumento ai Caduti Italiani ★★ [C7/8]

Μνημείο Πεσόντων Μεραρχίας Acqui

Das „**Monument für die gefallenen Italiener**" steht rund 1,5 km nordwestlich vom Kreuzfahrtanleger Argostólis auf einer **Anhöhe.** Es erinnert an die mindestens 5200 italienischen Soldaten der **Division „Acqui"** (italienische und griechische Quellen gehen von mehr als 9500 Soldaten aus), die im Zuge des **Massakers von Kefaloniá** am 21. und 22. September 1943 unter deutscher Besatzung erschossen wurden. Das Blutbad war eines von vielen Kriegsverbrechen der deutschen Wehrmacht.

Nach dem Balkanfeldzug war Kefaloniá von ca. 12.000 italienischen und rund 2000 deutschen Soldaten besetzt worden. Beide Nationen waren zu diesem Zeitpunkt Verbündete. Das änderte sich jedoch, als sich Italien gegenüber den Alliierten ergab, was als **Waffenstillstand von Cassibile** (Bekanntgabe am 8. September 1943) in die Geschichte einging. Dadurch wechselte Italien die Fronten und wurde zum Feind Deutschlands. Die deutsche Wehrmacht hatte den Auftrag, die italienischen Truppen auf Kefaloniá zu entwaffnen und die durch Italien besetzten Gebiete unter Kontrolle zu bringen. Dabei kam es auf Kefaloniá zu heftigen Auseinandersetzungen zwischen italienischen und deutschen Truppen, die im Massaker von Kefaloniá gipfelten.

Das Denkmal wurde 1979 im Auftrag des italienischen Verteidigungsministeriums errichtet. Jährlich findet hier eine **Gedenkfeier** statt, an welcher der italienische Präsident und die Regierung Kefaloniás teilnehmen.

Ein Stück weiter westlich befindet sich ein weiteres Denkmal, das **Fossa Eccidio Ufficiali Divisione „Acqui"**. Nach offiziellen Angaben sollen die Leichen der getöteten Soldaten in dieser Grube abgelegt worden sein. Gemäß Berichten einheimischer Zeitzeugen wurden die leblosen Körper aber den Hügel hinter dem Denkmal hinabgestoßen. Heute ist dieser Ort verwildert.

Die Hinrichtungen fanden allerdings nicht nur an einem, sondern

022ke-sm

Das „Monument für die gefallenen Italiener" erinnert an das schreckliche Massaker im Zweiten Weltkrieg

023ke-sm

an verschiedenen Orten auf der Insel statt. Das Massaker an den **Offizieren** der Division „Acqui“ soll weiter nördlich stattgefunden haben, und zwar an jener Stelle, wo heute das rot-weiße, rekonstruierte **Casa Rossa** nahe dem Leuchtturm auf der Straße nach Lássi steht. Das Casa Rossa ist übrigens ein charakteristisches Beispiel für die typische Inselarchitektur vor der Erdbebentragödie von 1953.

› **Anfahrt:** am besten per Auto erreichbar, aber auch zu Fuß bergauf in ca. 20 Min. Die Sicht auf das Denkmal ist frei, ein hüfthoher Zaun grenzt es von Besuchern ab.

6 Katavothren mit Meerwassermühle ★★ [C7]

Καταβόθρες Αργοστολίου

Im Jahr 1835 beobachtete ein Engländer namens Stevens nördlich von Argostóli ein rätselhaftes **Naturphänomen:** Das Meerwasser verschwand in Felsspalten landeinwärts, floss jedoch nicht mehr heraus. Stevens kam die Idee, sich die Kraft des einfließenden Wassers zunutze zu machen und eine Wassermühle zur Energiegewinnung zu konstruieren.

Er errichtete seine **Meerwassermühle** ein Stück weiter südlich der heute bekannten Katavothren. Diese Mühle war bis 1915 in Betrieb. Der Name Stevens geriet anschließend in Vergessenheit und seine Mühle wurde in den 1920er-Jahren in **Mílos tou Tabáki** („Tabakmühle“) umbenannt. Der neue Eigentümer eröffnete dort, wo sich die Mühle befand, ein kleines Café.

Im Jahr 1859 entdeckten die Gebrüder Miliaresis den zweiten unterirdischen Fluss in dieser Gegend, und zwar genau dort, wo sich heute die Katavothren befinden. Sie bauten ihre eigene **Wassermühle** und konkurrierten mit der Mühle von Stevens, die inzwischen zu einer **Getreidemühle** umfunktioniert worden war. Beide Mühlen überstanden das Erdbeben von 1867 beinahe unversehrt, lediglich die Außenwände wurden beschädigt und die Mühlen anschließend wieder funktionstüchtig gemacht. Im Jahr 1917 errichtete der Unternehmer Angelos Trombetas eine weitere Getreidemühle bei den Katavothren. 1925 kam eine Fabrik hinzu, die unter seiner Leitung Erfrischungsgeträn-

Ein altes hölzernes Mühlrad: Überbleibsel der Meerwassermühle

ke und Eis herstellte. Das Familienunternehmen bestand bis 1932 und genoss bei den Einheimischen große Beliebtheit. Somit bildeten die Katavothren zwischen 1835 und 1932 die Grundlage für den Betrieb mehrerer Meerwassermühlen. Nach dem Erdbeben von 1953 fielen die Meerwassermühlen der Insel jedoch trocken (s. S. 70).

Die Katavothren sind **Schlucklöcher im Karst** (s. S. 113), die unentwegt Meerwasser aufnehmen. Im Jahr 1963 beschäftigten sich die **Geologen Viktor Maurin und Josef Zetl** von der Technischen Universität Graz mit dem Phänomen. Sie färbten das Wasser mit rund 160 kg Farbstoff ein und entdeckten, dass es, nachdem es bei Argostóli angesaugt worden war, im **Höhlensee von Melissáni** 35 bei Sámi 30 auf der östlichen Inselseite wieder zutage trat – ganze 15 km Luftlinie entfernt!

Betrachtet man das Naturphänomen aus geologischer und karsthydrologischer Sicht, so kommt man zu einem aufschlussreichen und vielleicht ein wenig nüchternen Ergebnis: Die Buchten von Livádi [B6] und Argostóli bildeten in der letzten **Eiszeit** ein **Talsystem.** Da sich sehr viel Kalk aus dem Gestein löste, entstand eine tiefe Verkarstung bis auf Höhe des Meeresspiegels. Früher lag die Küstenlinie des Tals 100 m tiefer als heute und somit unter dem heutigen Erosionsniveau, also der Höhe, in die das Grundwasser absickern kann. Wegen der heute höher liegenden Küstenlinie konnten sich die Katavothren überhaupt erst bilden.

Das Meerwasser fließt bei den Katavothren in eine Tiefe von maximal 28 m unter dem Meeresspiegel (mit einer Geschwindigkeit von rund 50 Litern pro Sekunde) ein und gelangt beim Melissáni-Höhlensee, der etwa 36 m über dem Meeresspiegel liegt, wieder hinaus. Dabei entsteht Brackwasser, ein Salz- und Süßwasser-Gemisch. Durch den vorhandenen Grundwasserspiegel, der bei Niederschlag anschwillt, tritt das Wasser bei gleichbleibendem Luftdruck und wegen der Schwerkraft in der Höhle über dem Meeresspiegel wieder zutage.

Wer die Katavothren heute besichtigt, der findet ein reizvolles **hölzernes Mühlenrad** aus längst vergangener Zeit vor und stellt fest, dass das Meerwasser nun mithilfe eines **gemauerten Kanals** zugleitet wird. Neben den Katavothren befindet sich der **gleichnamige Club** (s. S. 33) mit schöner Terrasse, der abends seine Pforten für einen Cocktail in geselligem Ambiente öffnet.

› **Anfahrt:** mit dem Auto entlang der Uferstraße Richtung Campingplatz und Katavothren (ausgeschildert), zu Fuß ab Argostólis Hafen in rund 30 Min. an der Küste entlang (s. Wanderung 3 S. 100), jederzeit frei zugänglich

7 Leuchtturm (Fáros) Ágioi Theodóroi ★★★ [C7]

Φάρος Αγίων Θεοδώρων

Der eindrucksvolle und in seiner Bauweise eher untypische Leuchtturm steht an der **Nordwestspitze der Landzunge** von Argostóli. Durch seine regelmäßig in einer Reihe angeordneten Säulen erinnert er eher an ein römisches Mausoleum oder einen griechischen Tempel als an einen Leuchtturm. Er wurde 1829, als Kefaloniá unter der Verwaltung des englischen Generals **Charles James Napier** (s. S. 20) stand, von dem Ingenieur J. P. Kennedy geplant und in nur anderthalb Monaten errichtet: Die erste Steinlegung erfolgte Mitte März und im Mai desselben Jahres wurde der Leuchtturm bereits eingeweiht.

Es handelt sich um einen **Rundbau im dorischen Stil**, der von **22 Säulen** umgeben ist. Zu jener Zeit befand sich über dem Säulenring noch ein steinernes Geländer, das die Wohnstätte des Leuchtturmwärters umschloss. Auf dieser thronte ursprünglich eine eher flache Kuppel und die Leuchtturmlaterne, die aus Korfu stammte. Aus der Kuppel war bereits 1920 ein Zylinder geworden, die Laterne wurde durch eine modernere Variante ersetzt. 1953 stürzte das Gebäude infolge des Erdbebens in sich zusammen. Die Plattform diente eine Zeit lang als Hubschrauberlandeplatz, um die Bewohner nach dem Erdbeben mit Lebensmitteln und medizinischem Equipment zu versorgen. Erst 1964 wurde der Leuchtturm gemäß den ursprünglichen Plänen wieder aufgebaut. Zwar wurde das Geländer nicht mehr errichtet, doch ist der Wohnbereich des Leuchtturmwärters äußerlich fast identisch mit dem ursprünglichen.

Heute ist der Leuchtturm eine der wichtigsten Sehenswürdigkeiten der Insel, wenngleich er nicht mehr in Betrieb ist. Besonders in den Abendstunden bei **Sonnenuntergang** ist er ein **beliebter Treffpunkt.** Das Innere ist nicht zugänglich.

› **Wegbeschreibung:** mit dem Auto möglich, zu Fuß ab dem Hafen von Argostóli in ca. 45 Min. an der Küste entlang (s. Wanderung 3 auf S. 100), jederzeit frei zugänglich

8 Kirche Agía Varvára ★★ [D8]

Εκκλησάκι Αγίας Βαρβάρας

Das „**Kirchlein der heiligen Barbara**" befindet sich in einer tiefen **Schlucht** und ist in eine **Höhle** eingebettet. Um das winzige Gotteshaus rankt sich eine bewegende **Legende:** Im Jahr 1912 soll ein kleiner Junge in die Schlucht hinabgestürzt sein, blieb jedoch wie durch ein Wunder unverletzt. Das Kind erzählte später, dass ihm eine weiß gekleidete Frau geholfen habe. Die Bewohner des Dorfes Prokopáta, das sich in der Nähe befand, sahen in der Ferne stets eine Flam-

Der Fáros nördlich von Argostóli ist ein Leuchtturm besonderer Art

024ke-sm

me brennen, die niemals verlosch. Ein paar Jahre nach dem Unglück fassten die Bewohner Mut und einige von ihnen gingen in die Schlucht hinab, um nach der Flamme zu schauen. Sie betraten eine Höhle und entdeckten dort die **Ikone der hl. Barbara.** Sofort war ihnen klar, dass es die hl. Barbara von Nikomedien gewesen sein musste, die dem Jungen geholfen hatte. Sie brachten die Ikone nach Argostóli, das zu jener Zeit von einer schweren Epidemie heimgesucht war. Als die Ikone in der Stadt eintraf, war die Epidemie schlagartig vorbei. 1935 verschwand die Ikone der hl. Barbara plötzlich. Man erzählte sich, sie sei gestohlen worden.

Schließlich wurde in der Höhle eine **Kapelle** zu Ehren der hl. Barbara gebaut. Im Inneren der Kirche bedeckt nackter, grauer Fels die Wände. Glänzende Weihrauchgefäße hängen von der Decke, eine farbenfrohe, schön gearbeitete hölzerne **Ikonostase** (dreitürige Bilderwand) ziert den kleinen Raum und Kerzenleuchter sorgen bei religiösen Zeremonien für Licht. Der Fußboden ist in einem ockergelb-schwarzen Schachbrettmuster angelegt, passend zu den goldenen Nimbussen der Heiligen, die die Ikonostase zieren.

Jedes Jahr am 4. Dezember, dem Barbaratag, feiert die Kirche ihr **Weihfest.** An diesem Tag kochen die Gläubigen Weizen, um der hl. Barbara für die Errettung des Kindes und der Insel vor der Epidemie zu danken.

Die Kirche ist über eine **Treppe** zu erreichen, die von der Straße in die Höhle hinabführt.

› **Anfahrt:** am besten mit dem Auto. Aus Argostóli fährt man in Richtung Sámi 30 um die Bucht herum, am Aussichtspunkt vor der De-Bosset-Brücke 2 biegt man in die zweite, rechts bergauf führende Straße ein (die, die hinter dem Felsen verschwindet) und folgt dieser bis zur Kirche. Einige Tourenanbieter (Empfehlungen s. S. 127) bieten Ausflüge dorthin an. Die Kirche ist unregelmäßig geöffnet, der Eintritt frei.

9 Antikes Kráni ★ [D8]

Αρχαία Κράνη

Kráni ist eine **archäologische Stätte** rund 7 km von Argostóli entfernt, auf der südöstlichen Seite über der Bucht von Koutávos. Es braucht schon viel Liebe zur Archäologie, um Kráni wirklich zu schätzen zu wissen, denn die vermutlich einst blühende antike Stadt hat heute bis auf ihre kläg-

Die kleine Kirche Agía Varvára 8 versteckt sich in einer Schlucht

025ke-sm

lichen Mauerreste nicht allzu viel zu bieten. Allerdings besticht der Ort trotzdem durch seine enormen **Zyklopenmauern** (frühgeschichtliche Mauern aus unbehauenen Bruchsteinen) und die **fantastische Aussicht** auf die Lagune von Argostóli.

Bereits 1908 fanden erste **Ausgrabungen** statt, damals unter der Leitung der Ephorie für Prähistorische und Klassische Altertümer, einer Abteilung des Kulturministeriums. Ab 1930 nahm der Archäologe Spyrídon Marinátos im Rahmen der Goekoop-Ausgrabung weitere Untersuchungen vor.

Am Eingang von Kráni befindet sich eine **Informationstafel** mit Fotos und Erklärungen zur historischen Stätte. Die gesamte Anlage ist von reichlich Vegetation bewachsen. Wer sich botanisch gut auskennt, der kann viele essbare Kräuter und Gräser entdecken.

Das ursprüngliche Stadtgebiet umfasste die **Hügel Kastélli und Pezoúles.** Die antike Stadt wurde am Übergang von der geometrischen zur archaischen Epoche ca. 700 v. Chr. gegründet, aber offenbar erst in der späthellenistischen Epoche etwa 200 v. Chr. besiedelt. Später musste Kráni vermutlich wegen Malariafällen aufgegeben werden.

An der Fundstelle **Aï-Grigóris** wurden 1930 fünf **Gräber** aus dem 5. Jh. entdeckt, darunter ein Kindergrab. Alle Gräber wurden von je drei Platten abgedeckt: zwei an den Längsseiten, die wie ein Giebel aufgestellt waren und oberhalb eine Kante bildeten, und eine weitere, die in zwei Teile geschnitten und an den kürzeren Seiten befestigt war. Im Kindergrab wurden verschiedene **Grabbeigaben** wie unglasierte Tongefäße und Tonschwalben gefunden. In einem anderen Grab wurden weitere Keramiken ausgegraben, die mit Figuren ausgeschmückt und teilweise glasiert waren. Wissenschaftler nehmen anhand der Mauergestaltung an, dass es sich bei den Grabstätten um Familiengräber handelt. Des Weiteren wurden **Töpferöfen** aus dem 6. Jh. v. Chr. entdeckt, die auf handwerkliche Tätigkeiten hinweisen.

› **Anfahrt:** Am bequemsten ist die Anfahrt mit dem Auto aus Argostóli in Richtung Razáta [D8]. Knapp hinter dem Ortseingang zweigt rechts der beschilderte Weg nach Kráni ab. Die Straße ist ab der rechtsseitig gelegenen Kirche Ilías nicht mehr befestigt. Ab dem Parkplatz geht es wenige Meter zu Fuß entlang der Zyklopenmauern bergauf.

› **Wanderung nach Kráni:** Ein abenteuerlicher und recht mühsamer Weg zu Fuß (ca. 1½–2 Std.) beginnt an der Mitte der Lagune von Koutávos [D8], direkt neben dem Wasserwerk. Dort schlängelt sich ein schmaler Weg teils terrassenförmig und mit Steinen und Zement befestigt ca. 1 km nach oben, zum Teil entlang alter Mauern inmitten mediterraner Macchia. Hier ist unbedingt auf festes Schuhwerk zu achten. Gleich am Anfang sind rechts die Ruinen der Heiligen Dreifaltigkeitskirche zu erkennen. Es gibt Hinweise darauf, dass in der Nähe ein Tempel zu Ehren der Göttin Demeter und ihrer Tochter Persephone errichtet worden sein soll. Bisher ist unklar, wo genau sich dieser befunden hat.

10 Botanischer Garten (Cephalonia Botanica) ★ [C8]

Βοτανικός Κήπος

Der Botanische Garten der Insel wurde 1998 **auf Initiative der Fokás-Kosmetátos-Stiftung** 4 gegründet. Ziel war es, einheimische Pflanzen und Samen zu sammeln, zu kultivieren und die Arten zu erhalten. Daneben soll der Umweltgedanke nicht zu kurz kommen, weshalb die Stiftung insbesondere Umweltbildungsprogramme für Schulkinder ins Leben gerufen hat. Auf 10 des insgesamt 28 Hektar großen Geländes der Stiftung lässt sich eine Fülle mediterraner Pflanzen bestaunen. Ein **Teich** von 500 m² und **Skulpturen** schmücken den Garten. Kontinuierlich wird der Botanische Garten um seltene und **endemische Pflanzenarten** erweitert. Der Fokus liegt auf der Flora Westgriechenlands und der Ionischen Inseln. Dem Garten angeschlossen ist ein kleines griechisches **Theater**, in dem Veranstaltungen stattfinden, und ein **Museumsshop**, der mitunter interessante Bücher über die Insel enthält.

› Wipe Argostolíou, Tel. 2671026595, www.focas-cosmetatos.gr/main_en.html, Mai–Okt. Mo–Fr 10–14 Uhr, Eintritt frei

⓫ Felsenkirche des hl. Gerásimos ★★ [C8]

Εκκλησία βράχου του Αγίου Γερασίμου

Die Felsenkirche befindet sich landeinwärts im beliebten Badeort Lássi auf einem **Hügel** auf Höhe des Strandes Paliostafída. Hier, in einer **Höhle**, lebte von 1555 bis 1560 der **Schutzpatron Kefaloniás**, der **hl. Gerásimos** (s. S. 57), nachdem er von der südlichen Nachbarinsel Zákynthos nach Kefaloniá gereist war. 1560 ging er schließlich nach Omalá in das von ihm gegründete Kloster ㉕, wo er am 15. August 1579 starb.

In der heutigen in den Fels geschlagenen Kirche ist noch die ursprüngliche Höhle sichtbar, die sich in einer Nische befindet und sich ebenfalls besichtigen lässt. Die Kirche ist mit Ikonenbildern an den Wänden, hölzernem Chorgestühl und einer farbenfroh bemalten **Ikonostase** geschmückt. Der Fußboden ist mit einem geometrischen Muster versehen. Die Wände sind in einem schlichten Weiß gehalten, wobei teilweise nur der nackte Fels zu sehen ist.

Die Felsenkirche des hl. Gerásimos war für Einheimische schon immer ein Anziehungspunkt

026ke-sm

- **Anfahrt:** Am besten fährt man mit dem Auto von Argostóli in Richtung Pessáda [E9], biegt hinter der Bushaltestelle „Spiliá“ rechts ab und folgt dem Straßenverlauf 500 m bis zur Kirche (ausgeschildert). Alternativ per Taxi oder man nimmt den Bus (Fahrtrichtung Svoronáta) bis zur Haltestelle „Spiliá“. Die Kirche ist unregelmäßig geöffnet, der Eintritt frei.

Infos und Reisetipps

- **Busse:** Ab Argostóli starten die meisten Busse. Die KTEL-Busstation befindet sich wenige Schritte südlich der De-Bosset-Brücke 2. Weitere Infos s. S. 131.
- **Taxis:** entlang des Hafens und am Hauptplatz Platía Valliánou verfügbar. Empfehlenswerter Anbieter: Kefalonia Taxi Service (s. S. 131).
- **Parkplätze:** Das Parken am Hauptplatz Pl. Valliánou ist verboten. Ein kostenfreier Parkplatz befindet sich am Fähranleger. Von dort ist der Hauptplatz in 5 Min. zu Fuß erreichbar. Weitere Parkplätze sind entlang des Hafens verfügbar.
- **Geldautomaten:** v. a. rund um den Pl. Kambánas 1
- **Koutavos Environmental Center** <001> tgl. 8–15 Uhr, Tel. 2671029258, https://kefaloniageopark.gr/en/node/193. Hier lässt sich eine Ausstellung über die Natur und ökologische Schutzmaßnahmen in den Schutzgebieten Kefaloniás und der Nachbarinsel Ithaka (Itháki) besuchen.

Strände

Im Stadtgebiet von Argostóli gibt es keinen Strand, außerhalb des Zentrums im Norden neben dem Leuchtturm 7 liegt der **Fanári Beach** [C7], der jedoch häufig vermüllt und weniger attraktiv ist.

Bessere Strände nahe der Hauptstadt befinden sich in **Richtung Lássi** [C8] an der **Westküste**, ca. 1,5 bis 2 km von Argostóli entfernt. Hier sind einige hübsche Buchten mit Kies- und Sandstränden zu finden, größtenteils mit Infrastruktur. Trotz der Nähe zur Hauptstadt ist von einem Fußmarsch nach Lássi abzuraten: Die Straßen sind teilweise eng, es gibt nicht überall Bürgersteige und überhaupt zieht es sich doch etwas. Generell lohnt sich eine Anfahrt zu den Stränden schon am Morgen, da diese vor allem am Nachmittag recht voll werden können. **Parkmöglichkeiten** gibt es zwar beinahe überall, sie sind aber oftmals überfüllt.

- **Kólpos Kormoránon** <002> an der Westküste rund 500 m südlich vom Leuchtturm in einer kleinen Bucht gelegen, die von Felsen und Grotten eingerahmt wird. Kleiner, ruhiger Kiesstrand, der natürlichen Schatten spendet und keine Infrastruktur bietet.
- **Limanáki** <003> ca. 550 m südlich vom Kólpos-Kormoránon-Strand und herrlich eingebettet in einer Bucht mit zahlreichen Grotten, die von rötlichem Felsen gesäumt wird. Kiesstrand ohne Infrastruktur mit sauberem Wasser, in dem Felsen und größere Steine liegen. Kein Schatten und keine Verpflegungsmöglichkeiten fußläufig im Umkreis von 1 km.
- **Kalamiá** <004> rund 2 km nördlich vom Strand Makrís Gialós und 2 km südlich von Limanáki Beach. Kleiner, idyllischer, nicht beschilderter Kiesstrand mit einigen Palmen, improvisierter Dusche und einer Beachbar mit Clubmusik in einer Bucht. Ein Fußpfad führt in 5 Min. hinab zum Strand.
- **Small Beach (Mikrí Paralía)** <005> kleiner, eher dunkler Sand-Kies-Strand nördlich von Gradákia, von Felsen und Grotten eingerahmt. Das Meer ist seicht, daher auch gut für Kinder geeignet.
- **Gradákia** <006> rund 1 km südlich vom Kalamiá-Strand gelegen. Gut ausge-

statteter Sandstrand mit Dusche/WC, Strandbar und eher dunklem Sand. Das Wasser ist sehr seicht. Oft überfüllt.

› **Makrís Gialós** <007> bei Lássi gelegen. Der Bus fährt bis zum Strand. Rund 700 m langer Sandstrand mit Dusche/WC, Wassersportverleih, Beachbar und Taverne. Das Wasser ist sehr flach und klar. In der Sommersaison fast immer sehr gut besucht.

› **Platís Gialós** <008> Sandstrand südlich an Makrís Gialós anschließend und wie dieser häufig überfüllt. Nur rund 100 m lang, ausgestattet mit Umkleidekabinen, Dusche/WC und Bar. Das Wasser ist seicht und wunderbar klar. Nachmittags sind häufig keine Parkplätze mehr verfügbar.

› **White Rocks Beach (Áspros Vráchos)** <009> idyllischer Kieselstrand südlich von Platís Gialós unterhalb einer weißen Felswand, daher seine Bezeichnung. Nur mit Boot ab Argostóli erreichbar. Im Sommer kann es hier voller werden, da der Strand Ziel vieler Ausflugsfahrten ist. Gefahr besteht durch herunterfallende Felsbrocken. Badeschuhe sind von Vorteil, da es im Wasser sehr felsig ist.

Unterkünfte

■ **Aggelos Hotel** €€€ <010> Leof. Ioánnou Metaxá 4, https://hotelaggelos.com/en, Tel. 2671028001. Direkt am Kreuzfahrtanleger gelegenes, erst vor wenigen Jahren renoviertes Zweisternehaus mit modern eingerichteten, sauberen Zimmern mit Balkon oder Terrasse. Schöner Ausblick auf den Hafen.

■ **Europe Hotel** € <011> Pan. Kavadía 2, www.europehotel.gr, Tel. 2671024681. Schlichtes Zweisternehotel mit Studios und Apartments zur Selbstverpflegung am westlichen Stadtrand von Argostóli nahe dem Park Napier. 5 Min. zu Fuß zum Hauptplatz.

› **Galaxy Hotel** €€ <012> Fanári, https://galaxyhotelkefalonia.gr, Tel. 2671024096. In der Nähe des Leuchtturms angesiedeltes Zweisternehaus mit zweckmäßig ausgestatteten Zimmern inklusive Balkon und Außen-Swimmingpool. Preiswerte Alternative für einen Kurzaufenthalt.

■ **Hotel Byron** € <013> Víronos, https://hotelbyron.gr, Tel. 2671023401. Einfaches, aber liebevoll eingerichtetes Hotel mit Apartments und Studios zur Selbstversorgung im Westen Argostólis südwestlich der Korgalénio-Bibliothek. Der hübsche Innenhof ist rundum mit Studios und Balkonen gesäumt. Nur 20 m zu Fuß zum nächsten Supermarkt und 600 m zum Hauptplatz.

■ **Ionian Plaza Hotel** €€ <014> Pl. Valliánou, https://ionianplaza.com, Tel. 2671025581. Ausgezeichnet gelegenes, gepflegtes Boutiquehotel direkt am Hauptplatz. Schallisolierte, geräumige und stilvolle Zimmer, je nach Zimmerkategorie mit Balkon. Reichhaltiges Frühstück.

› **Lassi Hotel** €€ <015> Lássi, https://lassihotel.gr, Tel. 2671023126. Dreisternehotel zwischen Small Beach und Kalamiá-Strand südlich von Argostóli. Ordentliche Zimmer, zumeist mit Balkon. Mit kleinem Garten und Pool mit Sonnenliegen.

› **Panorama Fanari Studios & Apartments** €€ <016> Italikó Mimeío, www.panorama-kefalonia.gr, Tel. 6974833434. Nur wenige Meter vom Denkmal der italienischen Gefallen entferntes, ruhiges Dreisternehaus mit schönem Meerblick und hellen, sauberen Zimmern mit Balkon. Auch Apartments. Swimmingpool im Außenbereich vorhanden. Sehr gutes Frühstück.

[›] *Umgeben von Bäumen speist man in der Taverne Vinaries (s. S. 32)*

Essen und Trinken

Tavernen und Restaurants

- **Ampelaki Greek Restaurant** €€ <017> Leof. Ioánnou Metaxá 26, http://ampelaki.gr/restaurant, Tel. 2671301500, Mai–Okt tgl. 13–23, So ab 12 Uhr. Einladende, modern gestaltete Taverne mit großem Angebot an Speisen von Fisch bis Fleisch. Empfehlenswert sind die veganen Gerichte wie Moussaká mit Mandelmilch statt Käse.
- › **Butler's House** €€ <018> Lássi, südlich vom Gradákia-Strand an der Hauptstraße, Tel. 2671025453, tgl. 8–24 Uhr. Außergewöhnlich eingerichtete Taverne mit teils kuriosem Inventar. Schmackhaftes Essen. Besonders zu empfehlen für Vegetarier, da es ein eigenes Menü für sie gibt.
- **Captain's Table** €-€€ <019> Ilía Tsetséli 14, am Hafen gegenüber der Hafenbehörde und der Statue von George Molfetas, Tel. 2671027170, https://captainstable-restaurant.com, tgl. 7.30–1 Uhr. Griechische und internationale Gerichte in stilvollem, etwas gehobenerem Ambiente. Probieren sollte man die Fleischgerichte. Auch Frühstück im Angebot.
- **Koutoúki** € <020> Stavroú Metaxá 4, Tel. 2671027444, tgl. 19–24 Uhr. Nur wenige Schritte vom Hauptplatz entfernt in einer Seitenstraße findet man diese familiäre Taverne. Aufgetischt wird köstliche Hausmannskost, die man unbedingt probieren sollte. Zu empfehlen sind v. a. die frittierten Zucchinibällchen, dazu werden Fleisch- und Fischspeisen gereicht. Kapitän Makis, den Inhaber der Taverne, sieht man häufig selbst genüsslich essen.
- › **Nefeli** €€ <021> an der Hauptstraße in der Nähe des Gradákia-Strandes, Lássi, Tel. 2671025203, auf Facebook, tgl. 11–1 Uhr. Einladende Taverne mit griechischen und internationalen Spezialitäten. Man tafelt gemütlich unter einem Dach aus Weinreben.
- **O Pavlos** € <022> Leof. Antoni Tritsi, tgl. 9–1 Uhr. Günstige Taverne mit Streetfood wie Kebap, Gyros, Würstchen, Kokoretsi, Souvlaki, Salaten und Pitavarianten. Ideal für das kleine Budget. Rund 150 m südlich der Bosset-Brücke an der Hafenstraße gelegen.
- **Paliá Pláka** €-€€ <023> Agnís Metaxá 2, im nördlichen Bereich direkt neben der nautischen Akademie, Tel. 2671024849, https://paliaplaka.gr, tgl. 12–18 Uhr. Kleine Taverne mit traditionellen, griechischen Gerichten zu guten Preisen. Ausgesprochen beliebt bei den Einheimischen.

027ke-sm

› **Tsilikos Argostóli** € <024> Leof. Geor. Vergoti 162, tgl. 12–1 Uhr. Rund 50 m vom Krankenhaus entferntes günstiges Grillhaus mit einigen Sitzplätzen im Freien. Die Portionen sind groß für wenig Geld. Von vielen Einheimischen frequentiert.

› **Vinaries** €€ <025> nördlich von Argostóli an der Küste, Tel. 2671024828, https://vinaries.gr, tgl. 11–24 Uhr. In hübschem Weiß gehaltenes Meeresfrüchte-Restaurant unter Bäumen mit herrlicher Aussicht auf das Meer. In der Sommersaison unbedingt vorab reservieren. Speisen durchgängig schmackhaft.

Bars, Cafés und Eisdielen

■ **Antico Cafe del Corso** <026> Lithostroto 7, Mo–Sa 8–1, So 9–2 Uhr. Charmantes Café an der Lithóstroto mit italienischem Charme. Ausgezeichneter Cappuccino wie beim Italiener, nur leider zu höheren Preisen. Zu empfehlen sind die frisch gepressten Säfte.

■ **Baroque le bistrot** <027> Agiou Gerasimou, tgl. 8–3 Uhr. Am südlichen Hauptplatz gelegene Bar mit reichhaltigem Angebot an Frühstück und anderen Speisen. Sehr große Portionen. Gutes Preis-Leistungs-Verhältnis.

■ **Gelato fresco italiano** <028> Rókkou Vergotí 4, tgl. 7–3 Uhr. Südlich des Hauptplatzes in einer Seitenstraße zum Hafen ansässige Eisdiele mit sehr leckerem Eis. Von klassischen bis zu extravaganten Sorten ist alles dabei. Sitzmöglichkeiten vorhanden.

■ **Soulatso Cafe** <029> Leof. Antóni Trítsi, tgl. 6–3 Uhr. Ein wenig südlich der De-Bosset-Brücke zu findendes Café, in dem zumeist Einheimische verkehren. Kein außergewöhnlicher Charme, jedoch günstiger und guter Kaffee (auch Filterkaffee).

› **Trentis Bar** <030> an der Hauptstraße, Lássi, tgl. 13–3 Uhr. Gemütliche Bar unweit des Mediterranée Beach. Etwas höher gelegen, wodurch eine reizvolle Aussicht auf das Meer und den Sonnenuntergang möglich ist. Von Kaffee über Bier bis hin zu Cocktails ist für jeden Geschmack etwas dabei.

Einkaufen

Wer ein nettes Mitbringsel für Zuhause sucht, dem sei ein Bummel durch die **Fußgängerzone Lithóstroto** angeraten, denn hier reihen sich etliche **Souvenirläden** aneinander. **Super- und Minimärkte** sowie **Obst- und Gemüsehändler** sind nahe der De-Bosset-Brücke ❷ an der **Hafenmeile Leof. Antóni Trítsi** ansässig. **Modegeschäfte** und **Juweliere** finden sich verstreut in der gesamten Innenstadt.

Wer auf der Suche nach **deutschsprachiger Literatur** über Kefaloniá ist, der wird in nahezu jeder Buchhandlung Kochbücher entdecken. Sonstige deutschsprachige Lektüre ist kaum zu finden, das Angebot an englischsprachigen Büchern ist deutlich größer. Die meisten Werke über die Insel sind jedoch in griechischer Sprache. Fachbücher auf Englisch und Griechisch werden insbesondere im **Museumsshop des Volkskundemuseums** ❸ verkauft. Es ist nicht nötig, eine Eintrittskarte für das Museum zu erwerben, um dort einzukaufen.

Kleinigkeiten wie Kekse, Zeitschriften, Wasser und Spirituosen können bequem am **Kiosk** *(períptero)* erworben werden. Ein gut ausgestatteter Kiosk befindet sich neben der Taverne **Captain's Table** (s. S. 31) am Hafen.

■ **Cocorrina** <031> Andrea Choida 8, Di–Sa 10–14, Di, Do, Fr auch 18–21 Uhr. In einer Seitenstraße nahe der Hafenstelle gelegen, wo sich die Schildkröten versammeln. Wunderschöner Märchen- und Zauberladen, in dem man alles findet, was mit spiritueller Energie, Märchen und Zaubern zu tun hat, z. B. Steine,

028ke-sm

Bücher, Karten, Scheren, Stifte u.v.m. Bücher teilweise auch auf Englisch.

- **Sesoulas Bakery** <032> Sotíros 11, Mo–Sa 7–14.30 und 17–21, So 7–20 Uhr. Kleine Bäckerei ördlich der Platía Kambánas, die neben zahlreichen anderen Produkten auch die Inselspezialität Mándola (s. S. 108) herstellt. Sie gilt als ältestes und bekanntestes Süßwarengeschäft Argostólis.
- **Spathis Bakery** €€ <033> Leof. Antóni Trítsi 120, tgl. 7–0.30 Uhr. Am Fischereihafen gelegene Konditorei mit einer großen Bandbreite an süßen Versuchungen: Von Törtchen über Fruchtkuchen bis hin zu Schokolade-Sahne-Bomben ist alles dabei. Es werden auch Sandwiches serviert, die vor Ort am Tisch gegessen werden können. Unbedingt reinschauen und das eine oder andere genießen!

Nachtleben

Das Nachtleben in Argostóli ist durchaus lebendig. Es spielt sich allerdings weniger in Discos und Clubs ab, stattdessen trifft man sich zum **geselligen Essen** oder zum **Cocktail**, was aber bis tief in die Nacht andauern kann.

- › **Bee's Knees The Bar** <034> Geroulánou 12, www.beeskneesthebar.com, Di–So 19–3 Uhr. Einladende Cocktailbar mit schön beleuchtetem Innenambiente wenige Schritte nördlich des Hauptplatzes. In der Saison meist voll, da beliebt.
- **Black & Gold The Bar** <035> Lithóstroto 4, tgl. 20–3 Uhr. Moderne, chillige Cocktailbar im Zentrum Argostólis mit angenehmer Musik. Eher ruhig und ideal zum Ausklingen des Tages.
- **Cine Anny** <036> Charokópou 16, nur auf Facebook, Tel. 2671025880. Kleines Freiluftkino rund 100 m nordwestlich des Hauptplatzes. Filme werden meist abends ab 20 Uhr gezeigt, auch auf Englisch.
- **De Bosset Coffee & Cocktails** <037> Leof. Antóni Trítsi, https://debosset.gr, tgl. 7–3 Uhr. Café und Cocktailbar direkt an der De-Bosset-Brücke. Nachts genießt man hier eine reizvolle Aussicht.
- › **Katavothres Club-Restaurant** €€€ <038> Katavothren, www.facebook.com/KatavothresClub, tgl. 18–24 Uhr. Kombination aus angesagtem Lokal und Club direkt an der Meerwassermühle. Ausgezeichnete Lage, allerdings nachts laute Musik. Preislich eher gehobenes Niveau.
- › **Odyssey Bar** <039> Lássi, tgl. 16–3 Uhr. Angenehme Cocktailbar mit Musik im Grünen auf Höhe des Gradákia-Strandes. Serviert werden alle gängigen Cocktails und Eigenkreationen.

Der Hauptplatz von Argostóli ist bis in die späten Abendstunden belebt

Süden und Südosten

Wer in den Süden und Südosten Kefaloniás vordringt, der trifft auf **massive Bergrücken**, ausgedehnte Täler und tiefe Schluchten mit kleinen, **bezaubernden Dörfern** im Inselinneren. An der West- und Südküste bricht das Land überwiegend steil zum Meer hin ab, an der Ostküste findet sich ebenfalls ein steiles Gefälle von den Bergkämmen bis zum Meer. Nach gefühlt jeder Kurve bietet sich eine **atemberaubende Aussicht** über weite Täler und pittoreske Bergdörfer. Kleine Kapellen, die spannende Geschichten zu erzählen haben, leuchten als weiße Fleckchen an Berghängen und in Schluchten. Stolz erhebt sich der **höchste Gipfel der Insel**, der **Aínos** ⑫, über die einzigartige Landschaft aus Bergen, Tälern und wilder Macchia.

Das **Mykenische Grab von Póros** ⑳ erlaubt Besuchern einen Einblick in die mehr als 3000 Jahre zurückliegende Geschichte, die **Relikte einer römischen Villa** ⑰ in Skála ⑯ geben einen Eindruck von der Architektur zu Zeiten des Römischen Reichs. Die **Heilige Kirche der Panagía Fidoúsa** ⑮ lockt mit ihrem wundersamen Schlangenkult.

Der **Inselsüden** zieht viele Sonnenanbeter an, locken doch hier die längsten **Sandstrände** mit bester Infrastruktur, darunter die Ortsstrände von **Lourdáta** ⑬ und Skála. Der gesamte Süden und Südosten ist mit grüner, überwiegend **niedriger Vegetation** bewachsen. Landwirtschaftlich genutzte Flächen durchziehen hier und da das Terrain, zum Teil in Form von **Olivenhainen.** Der Süden ist also reich an Kultur, Geschichte und Natur, nicht zuletzt aber auch an fantastischen Bademöglichkeiten.

▷ *Auf der Fahrt zum Berg Aínos*

▽ *Weite mediterrane Landschaften prägen das Bild im Süden der Insel*

029ke-sm

030ke-sm

12 Berg Aínos ★★★ [G9]

Αίνος

Ein Ausflug zum höchsten Gipfel Kefaloniás mit seinen 1628 m gehört schon fast zum Pflichtprogramm jedes Inselbesuchers.

Der Berg ist auch unter den Namen **Enos** und **Mégas Sóros** bekannt. Nicht nur wegen der **atemberaubenden Aussicht** lohnt sich ein Besuch, sondern auch wegen der charakteristischen Flora und Fauna. Ab einer Höhe von rund 700 m Metern beginnt der Lebensraum der endemischen **Kefalonischen Tanne**, die sich bis fast zum Gipfel ausbreitet. Der Gipfel selbst ist vorwiegend steinig und mit Geröll übersät. Das Besondere an dem Baum ist sein dunkelgrünes Erscheinungsbild. Von Weitem schimmert die Tanne beinahe schwarz, weshalb der Baum manchmal auch als Schwarze Tanne bezeichnet wird. Früher wurden die Bäume häufig ausgegraben und wegen ihrer Seltenheit verkauft und verschifft, erzielten sie doch einen guten Gewinn. Die griechische Regierung legte zum Schutz der Bäume schließlich saftige Bußgelder bis hin zu Gefängnisstrafen fest. Seither bleibt der Baum unangetastet. Die Einheimischen jedenfalls sind stolz auf ihre einzigartige Tanne, die es zwar auch noch anderswo in Griechenland gibt, dort aber überwiegend als Kreuzung mit anderen Tannenarten. Nach Aussage der Inselbewohner wurde sie in den besagten „Diebstahljahren" an andere Orte verschleppt.

Ab etwa 700 Höhenmetern beginnt auch das **Naturschutzgebiet Ethnikós Drymós Énou**, das rund 30.000 Hektar umfasst und zu 75 % mit der Kefalonischen Tanne bewachsen ist (auch Nationalpark). Es ist von Nordwest nach Südost von einer **asphaltierten Straße** durchzogen. Die Straße ist befahrbar, endet jedoch nach etwa 13 km kurz vor dem Gipfel. In dem Naturschutzgebiet leben unter anderem Stinktiere, Spechte, Füchse und **Wildpferde.** Letztere sollen in Kriegszeiten von den Deutschen nach Kefaloniá gebracht und hier schließlich sich selbst überlassen worden sein.

Auf dem Berg gibt es weder buchbare Unterkünfte noch Verpflegungsmöglichkeiten, jedoch ein paar **Sitzbänke** für ein kleines Picknick. Lediglich eine **Radarstation** thront heute auf dem Gipfel. Rund um den Berg verlaufen zahlreiche ausgeschilderte **Wanderwege,** die zum Gipfelwandern einladen (Strecken ca. 1½–2 Std.).

Angeblich soll sich auf dem Berg früher ein **Tempel des Zeus** (römisch Jupiter) befunden haben. Der Inselgouverneur Charles de Bosset (s. S. 20) soll die Überreste einst entdeckt haben. Allerdings ist heute kaum etwas über das Heiligtum bekannt und auch die Reste scheinen nicht mehr auffindbar zu sein.

- **Anfahrt:** am besten mit dem Auto bis ca. 1,3 km vor den Gipfel, geparkt wird am Straßenrand. Dann geht es zu Fuß rund 45 Min. über eine Schotterstraße weiter (s. Wanderung 1 auf S. 98).
- **Website des Nationalparks:** https://aenosnationalpark.gr/en
- **Geführte Wanderungen:** Im Nationalpark finden des Öfteren geführte Wanderungen statt, die von der Fokás-Kosmetátos-Stiftung ④ organisiert werden. Dabei wird insbesondere auf die Botanik eingegangen, aber auch Nachtexkursionen zur Beobachtung der Milchstraße sind im Sommerprogramm enthalten. Die Führungen finden auch auf Englisch statt. Nähere Infos unter http://focas-cosmetatos.gr/main_en.html.

⑬ Lourdáta ★ [F9]

Λουρδάτα

Das rund 16 km südlich von Argostóli gelegene, in üppige Natur eingebettete Dorf hat sich in den letzten Jahren zum Anziehungspunkt für Touristen entwickelt, denn es verfügt über einen der längsten Sandstrände der Insel.

Eigentlich bewohnen nur rund 200 Einwohner das Dörfchen an der Südküste, aber in der Sommersaison blüht hier das Leben. Dann wetteifern Hunderte von Sonnenanbetern um den schönsten Platz am nicht besonders breiten **Ortsstrand von Lourdáta** (s. S. 37), der sich unterhalb des Dorfes befindet. Dieser bietet eine gute Infrastruktur und ist häufiger Schauplatz von Strandpartys. Das Meer ist seicht, türkisblau und klar. Für den kleinen Hunger zwischendurch bieten Strandbars Snacks feil, Wassersportler finden einen Ausrüstungsverleih.

Die **Strandpromenade** verläuft als befestigter Untergrund direkt am Strand, dahinter befinden sich Bars, **Tavernen** und Gärten mit Bananenstauden, Palmen und Gemüsepflanzen. An den Strand grenzt der auf

Blick auf den beliebten Badeort Lourdáta

031ke-sm

einem Hügel liegende **Dorfkern** inmitten von Zypressen, Pinien, Olivenbäumen, Palmen und Nutzpflanzen. Die **Dorfkirche Evangelístria** wurde nach dem Erdbeben 1953 wieder aufgebaut. Mit seiner idyllischen Lage und wegen des langen, gut ausgestatteten Sandstrandes gilt Lourdáta als sehr attraktiv und wächst beständig. Hotelanlagen und Pensionen entstehen, was jedoch immer mehr Kritiker auf den Plan ruft. Sie sehen in dem kontinuierlichen Wachstum des örtlichen Tourismus eine Bedrohung für die Schönheit der Siedlung.

› **Anfahrt:** Mit dem Auto fährt man ab Argostóli auf der Hauptstraße entlang der Küste gen Süden. Nachdem man das kleine Vlacháta durchquert hat, biegt man in die rechts abzweigende, bergab führende Straße ein (Schild „Church of Agia Paraskevi"). Dieser Straße folgt man ca. 1 km bis Lourdáta (insgesamt 16 km, rund 25 Min.). Bis zum Strand sind es von der Ortschaft noch rund 800 m. Mit dem Bus aus Argostóli (Fahrziel Póros 19, ca. 45 Min.) kommend, ist es ratsam, im Ort auszusteigen und nicht oberhalb an der Hauptstraße. Wer zum Strand will, erreicht diesen auch direkt per Bus. Alternativ nimmt man ab Argostóli ein Taxi.

14 Kirche Paraskeví ★★ [F9]

Ιερός Ναός Αγίας Παρασκευής

Nördlich von Lourdáta und östlich des kleinen Örtchens Vlacháta ist dieses kleine **Kirchenschmuckstück** aus dem 12. Jh. ein wenig versteckt auf einer Anhöhe gelegen. Im Inneren sind ausgesprochen schöne, teilweise farbige **Fresken** mit Ikonen im Original erhalten. Die Kirche wurde restauriert und feiert ihr Kirchweihfest am 23. Juli. An diesem Tag findet ein großes Fest mit Livemusik, griechischen Köstlichkeiten und Tänzen statt. Zudem wird jeden **Sonntag** ein **Gottesdienst** gefeiert, in dessen Rahmen sich die Kirche auch **besichtigen** lässt. Vor dem Eingang des Gotteshauses stehen drei Bänke, die zum Verweilen einladen.

› **Anfahrt:** mit dem Auto nach Lourdáta 13. Die Kirche ist ab dem Abzweig nach Vlacháta ausgeschildert („Church of Agia Paraskevi"). Ein Bus fährt nicht direkt zur Kirche, aber man kann in Simotáta aussteigen, rund 100 m zurück gehen und links in die bergab führende Straße einbiegen. Dieser folgt man rund 300 m, dann zweigt rechts die Straße zur Kirche ab (weitere ca. 80 m bergauf).

Infos und Reisetipps

› **Supermarkt:** Oberhalb des Strandes an der Epar. Od. Keramion – Vlachatas befinden sich gleich drei Supermärkte nebeneinander.

› **Tankstelle:** direkt am Abzweig zum Ortsstrand oberhalb an der Hauptstraße

Strände

› **Ortsstrand von Lourdáta** <040> über 1 km langer, recht schmaler Sand-Kies-Strand, zum Teil mit Infrastruktur wie Liegen, Sonnenschirmen und Wassersportverleih. Reichlich Verpflegungsmöglichkeiten vorhanden. Unmittelbar oberhalb des Strandes verläuft eine betonierte Straße, die in der Regel zugeparkt ist. Ist nicht jedermanns Sache. Ein Rettungsschwimmerposten sorgt für die nötige Sicherheit.

› **Kanáli** <041> westlich von Lourdáta gelegen und über Afráto zu erreichen. Festes Schuhwerk unabdingbar, da ein Fußmarsch von ca. 10 Min. durch das Unterholz nötig ist. Nichts für mobil eingeschränkte Personen, da auch Treppen bezwungen werden müssen. Schöner Sandstrand, nach Meinung der Autorin wesentlich attraktiver als Lourdáta. Keine Infrastruktur und kaum frequentiert.

Unterkünfte

› **Marinos Hotel** €€ <042> im Ortskern von Lourdáta, in der Seitenstraße gegenüber dem Café Plátanos, über Buchungsportale buchbar, Tel. 2671031462. Einfaches Zweisternehotel mit gutem Service, sehr ruhig im Grünen gelegen, 15 Min. zu Fuß bergab bis zum Strand. Die Zimmer, meist mit Kochnische und Balkon, sind hell und freundlich eingerichtet.

› **Pension Thalassino Trifilli** € <043> an der Ecke mit der Epar. Od. Keramion – Vlachatas, https://pension-trifilli.com, Tel. 2671031114. Liebevoll gestaltete Pension mit Zimmern und Studios inkl. Balkon in ausgesprochen grüner Umgebung. Die Pension bietet auch Entspannungskurse wie Yoga an. Der Strand ist zu Fuß bergab in 3 Min. erreicht. Angeschlossen ist eine Taverne mit Garten.

Essen und Trinken

› **Chefalonia** €€ <044> Vlacháta, Tel. 2671031569, tgl. 18–24 Uhr. Exzellente Küche und überragende Aussicht auf die Küste, besonders bei Sonnenuntergang, da das Lokal an einem Hang gelegen ist. Besonders köstlich sind Lamm mit Ofenkartoffeln, frisch gebackenes Brot mit Butter und Knoblauch sowie die Meeresfrüchtesuppe mit Tomaten. Vorreservierung unabdingbar, da äußerst beliebt.

› **Lorraine's Magic Hill** €€ <045> Nebenstraße oberhalb des Strandes, Tel. 2671031605, https://lorrainesrestaurant.gr, tgl. 18–23 Uhr. Taverne in beschaulicher Lage mit tollem Meerblick. Sehr freundlicher und zuvorkommender Service. Serviert werden schmackhafte griechische Gerichte. Reservierung empfehlenswert, da sehr beliebt.

› **Spiros** € <046> Epar. Od. Keramion – Vlachatas, Tel. 2671031440, tgl. 18–23 Uhr. Nördlich des Ortsstrandes von Lourdáta gelegene, gepflegte Taverne mit reichlich Auswahl, insbesondere an Vorspeisen und Mezédes.

15 Heilige Kirche der Panagía Fidoúsa ★★ [H10]

Ιερός Ναός Παναγίας Φιδούσας

In **Markópoulo**, einem idyllisch gelegenen, kleinen **Bergdörfchen** im Süden Kefaloniás, geschieht jährlich ein „Wunder“: In der Panagía Fidoúsa, die auch als **Panagía Langouvárda** bekannt ist, finden sich in der Zeit zwischen dem 6. bis 15. August unzählige **Schlangen** ein. Nicht etwa, weil sie hungrig oder paarungswillig sind, sondern – so erzählt man sich – wegen der **Ikone der Heiligen Jungfrau Maria**, der Fidiótissa. Panagía ist die griechisch-orthodoxe Bezeichnung der Jungfrau Maria.

Hinter dem Auftauchen der Schlangen steckt eine spannende **Legende:** Hier im Dorf brannte einst ein Pistazienbaum lichterloh. Als das Feuer gelöscht war, entdeckten Anwohner die Ikone der Jungfrau Maria unversehrt am Baum angelehnt. Gerührt nahmen sie sie mit und stellten sie in ihrer Dorfkirche auf. Am nächsten Tag war sie jedoch verschwunden. Wieder fanden die Dorfbewohner die Ikone unter dem verbrannten Pistazienbaum und wieder nahmen sie sie mit und brachten sie in ihre Dorfkirche. Abermals verschwand sie auf dieselbe Weise. Nachdem sich dies mehrmals wiederholte, schlossen die Anwohner die Kirche ab. Doch auch mit abgeschlossener Kirchentür verschwand die Ikone. Nun begriffen die Bewohner, dass dies nur ein **göttliches Zeichen** sein konnte, und erbauten an jenem Ort, wo die Ikone an den Pistazienbaum angelehnt war, die Kirche Langouvárda. Nach längerer Zeit wurde an gleicher Stelle ein Frauenkloster errichtet, das die Osmanen später zerstörten. Als **Piraten** das wiederaufgebaute Kloster be-

032ke-sm

drohten, schickten die Nonnen Gebete gen Himmel und sogleich versammelten sich Hunderte von Schlangen um das Kloster. Verängstigt zogen die Piraten von dannen.

Dieses Wunder der Panagía Fidoúsa wiederholt sich bis heute jedes Jahr. Bisher gibt es keine Erklärung für das Phänomen. Gemäß **Volksglauben** sollen die zahlreichen **Schlangen** wegen der Ikone der Jungfrau Maria kommen. Sie schlängeln sich vom Felsen hinter dem Glockenturm hinab in die Kirche und nähern sich der Ikone. Dort sollen sie tagelang verweilen. Wenn man die Anwohner fragt, ob die Tiere mit dem kreuzfarbigen, schwarzen Fleck auf dem Kopf giftig seien, dann verneinen sie dies – zumindest an den Tagen, die sie in der Kirche verbringen. Viele Leute würden sich sogar mit den Schlangen fotografieren lassen. Als schlechtes Omen gilt es, wenn die Tiere in einem Jahr nicht erscheinen, beispielsweise 1940, als Griechenland unter Besatzung stand und 1953, als das verhängnisvolle Erdbeben wütete. Umstritten ist bis heute, wie die Schlangen in die Kirche gelangen. Die Meinungen der Inselbewohner gehen dabei auseinander: Ein Teil beharrt darauf, dass die Geschichte wahr ist, ein anderer Teil erklärt, dass die Schlangen wohl einen Tag vor dem 6. August an der Kirche ausgesetzt werden. Wie dem auch sei, das Wunder der Fidiótissa wird jährlich im Rahmen eines **großen Festes** gefeiert.

Zusammenfassend lässt sich sagen, dass die Kirche auch ohne „Schlangenereignis" einen Besuch wert ist. Im **Innenbereich** ist sie mit Ikonenbildern und goldfarbenen Kerzenleuchtern, Deckenlüstern und Weihrauchgefäßen ausgestattet. Wie in beinahe allen orthodoxen Kirchen der Insel befindet sich gegenüber dem Eingang die hölzerne **Ikonostase** mit den farbigen Heiligenbildern. In den letzten Jahren wurde das Äußere der Kirche mit einem Portikus und gewelltem Dach verziert. Vor der Kirche stehen häufig einige Frauen, die **religiöse Andenken** wie Kerzen, Anhänger, Armbänder und Ketten sowie Heiligenbilder verkaufen.

Die Heilige Kirche der Panagía Fidoúsa hebt sich auch durch ihr Äußeres vom Rest der Inselkirchen ab

Nur rund 4,5 km von der Kirche entfernt bergab liegt das Örtchen **Kateliós** [H10] mit Tavernen, Unterkünften, Einkaufsmöglichkeiten, einem kleinen Hafen und einem teilweise mit Palmen gesäumten **Strand**, der auch in den Sommermonaten nicht überlaufen ist. Kateliós präsentiert sich als kleiner, ruhiger Ferienort – ideal für einen Zwischenstopp oder als Feriendomizil.

› tgl. 8–17 Uhr, Eintritt frei (Spende erwünscht)

› **Anfahrt:** Mit dem Auto fährt man aus Argostóli gen Süden nach Markópoulo [H10], durchquert den Ort, wählt an einer Gabelung die leicht bergab verlaufende Straße nach Kateliós [H10] und folgt dieser bis zur Kirche. Mit dem Bus (Fahrziel Póros 19) fährt man in ca. 1 Std. bis zur Haltestelle in Markópoulo oberhalb der Kirche und geht zu Fuß zu dieser hinab. Der Glockenturm ist nicht zu übersehen. Alternativ per Taxi ab Argostóli, Kateliós oder Skála 16.

16 Skála ★★ [J10]

Σκάλα

An der **Südküste** Kefaloniás befindet sich das Dorf Skála mit seinen rund 800 Einwohnern. Der Küstenort ist rund 37 km von Argostóli entfernt und zieht wegen seiner einzigartigen Naturkulisse, dem mit der Blauen Flagge ausgezeichneten, mehr als 2 km langen Stadtstrand (s. S. 42) und der Römischen Villa 17 jedes Jahr zahllose Gäste an.

Der **grobsandige Strand** gehört zu den **populärsten Badeorten** der Insel und zeichnet sich durch glasklares Wasser aus – er ist der längste Strand der Insel. Etliche Tavernen, Cafés und Bars sorgen fürs leibliche Wohl, unter den angrenzenden Bäumen stehen einige schattige Plätzchen zur Verfügung.

Im Jahr 1953 wurde Skála durch das folgenschwere Erdbeben zerstört und 1956 wieder aufgebaut. 1957 fanden in dem Gebiet **Ausgrabungen** statt, die die Ruinen der Villa eines wohlhabenden Römers aus dem 2. Jh. n. Chr. zutage brachten, deren aufwendig verzierte Mosaikböden noch heute ein Blickfang sind.

In der Nähe des Dorfes befinden sich die Überreste eines aus dem 6. Jh. stammenden **Tempels** 18 und ein kleiner, sehenswerter **Fischereihafen.**

› **Anfahrt:** mit dem Auto ab Argostóli in ca. 50 Min. (36 km), mit dem Bus (Fahrziel Skála) in ca. 60–70 Min. mit Zwischenstopp in Kateliós (Mo, Mi, Fr in der Sommersaison)

Der breite Stadtstrand von Skála ist meistens gut besucht

033ke-sm

17 Römische Villa ★ [J10]

Ρωμαϊκή έπαυλη στη Σκάλα

Südlich des Zentrums von Skála stehen die **Überreste einer römischen Landvilla** aus dem 2. Jh. v. Chr. am Ende eines von der Hauptstraße bergab führenden, unbefestigten Weges (Parkplatz vorhanden).

Die Villa wurde durch einen **Brand** im 4. Jh. n. Chr. großflächig zerstört. Auf einem Teil der Relikte wurde später eine **frühchristliche Kirche** errichtet, die jedoch im 9. oder 10. Jh. ebenfalls einem Brand zum Opfer fiel. Auf deren Ruine wurde in spätbyzantinischer Zeit die **Kapelle des hl. Athanasius** geschaffen, die jedoch heute ebenso verschwunden ist.

Erst im Jahr 1957 wurde die ursprüngliche Villa bei Ausgrabungen entdeckt. Erhalten geblieben sind **sechs Räume**, von denen sich die Räume 5 und 6 im Hof außerhalb des Gebäudes befinden. Raum 1 stellte den Vorraum dar, die Räume 2, 3 und 4 dienten als Wohnbereich. Zugang zur Villa bot der Haupteingang an der Südseite, wo der **Bach** verläuft. In früheren Zeiten musste der Zugang also über eine Holzbrücke erfolgt sein, wahrscheinlich aus Sicherheitsgründen. Zur Villa gehörten laut Experten auch Bäder mit einem Hypokaustum (eine Art Heizung) und vielleicht ein Nymphäum (geweihte Brunnenanlage). Diese Bereiche befanden sich vermutlich an jener Stelle, wo 1822 eine große Zisterne erbaut wurde.

Gut erhalten ist die Dekoration des **Fußbodens** mit **farbenfrohen Mosaiken**. So ist das Vestibül, also der Vorraum, reich mit Tiermotiven ausgeschmückt: Es zeigt eine Darstellung des Phthonos als junger Mann in Gestalt eines Tigers, Löwen, einen Panther und einen Leoparden – in der griechischen Mythologie eine den Göttern zugeschriebenen Verkörperung von Neid und Missgunst. Das Mosaik ist von geometrischen Formen eingerahmt. Der ebenfalls mit Mustern und Tentakeln umfasste Mosaikboden der zweiten Kammer weist einen Altar mit Opfertieren auf. Eine Inschrift gibt ein Opferritual für die Götter wieder. Der Mosaikboden der dritten Kammer ist bis auf wenige Details zerstört. Die vierte Kammer ist hingegen mit geometrischen Motiven ausgestattet, die noch gut sichtbar sind.

› Fr–Mo, Mi 9–16 Uhr, Eintritt: 2 €

18 Tempel von Skála ★ [J10]

Αρχαϊκός Ναός Σκάλας

Nördlich von Skála an der Küste befinden sich die im Jahr 1812 vom Gouverneur der Insel, **Charles de Bosset** (s. S. 20), entdeckten **antiken Tempelreste** aus dem 6. Jh. v. Chr.

Der Tempel maß einst 25,80 m mal 9,77 m und stellte einen klassischen **Peripteros** (Ringhallentempel) mit **Vorhalle** dar, eine im antiken Griechenland gängige Tempelart. Typisch hierfür ist, dass der Hauptraum, die Cella, außen von einem Säulenkranz (Peristasis) umgeben ist, wobei an den kürzeren Seiten bei dorischen Tempeln zumeist sechs und an den längeren Seiten 13 Säulen aufgestellt wurden. In der Cella befand sich eine Götterstatue.

In der Antike gehörte das Heiligtum zum **Stadtstaat Prónnoi** (auch Pronoús). Während der Ausgrabungen wurden weder der Altar noch die Götterstatue gefunden, allerdings entdeckte man 8,50 m südlich des Tempels die Reste der **Stoa**, eine an der Front mit Säulen ausgestattete Halle mit den Maßen 30,55 m mal 8,90 m. Bei den letzten, erst vor wenigen Jahren erfolgten Ausgrabungen wurden

034ke-sm

☐ *Einsam liegen die Tempelreste von Skála* 18 *nördlich des Küstenörtchens*

Dachziegel, Antefixe (Stirnziegel) mit floralen Verzierungen, Dachrinnen mit Löwenköpfen, zahlreiche Keramiken sowie Kopf und Basis einer weiblichen Tonfigur zutage gefördert, die wahrscheinlich als Votivgabe für den Gott gedacht war. In der Stoa wurden Tonwürfel für Gesellschaftsspiele gefunden.

Neben dem Tempel wurde vermutlich 1812 die **Kapelle des hl. Georg (Ágios Geórgios)** errichtet. An dieser Stelle soll sich ein noch älterer Tempel befunden haben. Die Kapelle lässt sich i. d. R. zu den Öffnungszeiten des Tempels von innen besichtigen.

Der **Standort** des Tempels von Skála spielte in der Schifffahrt eine bedeutende Rolle, denn er galt als wichtiger Zwischenstopp für Reisende. Heute gilt das Heiligtum als größter, bedeutendster und besterhaltener antiker Tempel der Insel. Dennoch muss erwähnt werden, dass Besucher **keinen vollständigen Tempel** erwarten dürfen; es handelt sich vielmehr um **Säulenreste**, die jedoch einen guten Eindruck vom Grundriss der früheren Anlage vermitteln.

› nur saisonal im Sommer geöffnet. Falls der Tempel geschlossen sein sollte: Er lässt sich auch gut von außen betrachten, ohne die Anlage zu betreten.

› **Anfahrt:** Der Tempel ist an der Hauptstraße zwischen Skála und Póros 19 gelegen. Vom Stadtstrand sind es mit dem Auto ca. 2,4 km in nördliche, von Póros aus 8,5 km in südliche Richtung. Ein Bus hält nicht direkt am Tempel, aber am Stadtstrand an der Haltestelle Anássa (2,3 km entfernt) oder ca. 1,2 km nördlich des Tempels an der Haltestelle Apostoláta.

Infos und Reisetipps

› **Geldautomat:** Im Zentrum befinden sich Geldautomaten an der breiteren, von Ost nach West verlaufenden Querstraße und stadtauswärts in Richtung kleiner Hafen.

› **Mietfahrzeuge:** Im Ortszentrum von Skála gibt es einige Anbieter, die Mietautos und Zweiräder verleihen.

Strände

› **Stadtstrand von Skála** <047> über 2 km langer, breiter, gut ausgestatteter Strand direkt beim Ort mit grobem Sand, herrlich türkisem, seichtem Wasser, vielen Beachbars und Tavernen. Perfekt für Kinder.

› **Spíthi** <048> nur rund 1,8 km vom Zentrum Skálas entfernter Kiesstrand mit flachem Wasser. Keine Infrastruktur, abgelegen und daher bei Nudisten beliebt. Über Loutráki erreichbar.

› **Loutráki** <049> rund 3 km südlich von Skála gelegener FKK-Strand mit kleinen Kieselsteinchen und schönen Felsformationen. Anfahrt nur per Taxi, nicht jedoch per Bus möglich.

› **Moúnda** <050> rund 1 km langer, recht breiter, grandioser Sandstrand etwa 3,5 km südlich von Skála am südlichsten Kap der Insel. Feinster Sand und seichtes Meer. Verpflegung in Form von Tavernen und Bars. Öffentliches WC verfügbar. Beliebt bei Nudisten, da sehr ruhig.

› **Kamínia** <051> westlich von Moúnda gelegener, reizender Sandstrand, teilweise mit Infrastruktur, beliebt, aber nicht überfüllt. Ideal für Familien, da sehr flach ins Wasser abfallendes Ufer. Häufig FKK im südlichen Bereich. Strandbars vorhanden.

Unterkünfte

› **Porto Skála Hotel Village Hotel** € <052> Od. Skála – Póros, https://portoskala.com, Tel. 2671083501, Mindestaufenthalt 4 Nächte. Direkt am Meer gelegenes Viersternehotel mit Außenpool und Spielplatz für die Kleinen. Helle, gemütliche Zimmer mit Terrasse oder Balkon. Etwa 1 km nördlich vom Stadtstrand von Skála, Bushaltestelle wenige Meter entfernt.

› **Tara Beach Hotel** €€ <053> Od. Skála – Póros, http://tarabeach.gr, Tel. 2671083341. Direkt am langen Skála-Strand gelegenes Zweisternehaus mit hübschem Garten und Poollandschaft.

Essen und Trinken

› **Captain's Bar** <054> an der Straße zum Meer beim Tara Beach Hotel, www.captainshouse.net, tgl. 18–2 Uhr. Cocktailbar mit reichhaltigem Angebot an bekannten und eigenen Cocktailkreationen. Sehr kaltes Bier erhältlich. Ausgesprochen beliebt.

› **Galera** €€ <055> an einer Straßenecke in der Ortsmitte von Skála, Tel. 6987052162, auf Facebook. Empfehlenswertes Restaurant mit sehr freundlichem Service. Mittag- und Abendessen verfügbar. Viele Gerichte für Vegetarier und Veganer.

› **Marabou Cafe** <056> gegenüber der Kirche Ágios Gerásimos, www.facebook.com/MarabouCafe, tgl. 9–23.30 Uhr. Café mit sehr gutem Frühstücksangebot: Von Waffeln über Donuts, Rührei und Bohnen sowie Sandwiches ist alles vertreten.

› **Siroco** € <057> an der größeren, zentralen Querstraße gelegen, Tel. 2671083482,

Mein Tipp

Die einzigartige Kirche Agía Eleoússa

Diese etwas **futuristisch anmutende Kirche** steht im Nirgendwo hoch oben auf einem der Skála 16 umgebenden Berge in der Nähe des winzigen Ortes Anninráta [H9]. Ihr Äußeres ist so markant, dass sie beinahe ein wenig skurril wirkt. Die graublaue Kuppel steht asymmetrisch auf dem länglichen, weißen Kirchenschiff. Der weiße Glockenturm ist an die Kirche angegliedert und wird von drei silber- und goldfarbenen Glocken geschmückt. Eine Treppe führt auf das Dach der Kirche. Das **Innere** des Gotteshauses ist mit einer farbenfrohen Wandbemalung über der Ikonostase ausgeschmückt. Die Ikonen sind im typisch byzantinischen Stil gestaltet.

Doch was steckt hinter dem doch recht eigenwilligen Erscheinungsbild der Kirche? Ursprünglich stand an dieser Stelle eine byzantinische Kirche, die jedoch beim Erdbeben 1953 zerstört wurde. Daraufhin wurde 1954 eine neue Kirche errichtet, die 1986 durch ein Feuer ebenfalls zerstört wurde. Schließlich ließ der Arzt Panagís Metaxás Mariátos den Bau auf eigene Kosten von seinem Sohn, einem Architekten, restaurieren. Als optische Vorlage diente ihm die **Form des gegenüberliegenden Berges Ái Lia,** auch **Agíou Ilía** genannt. Die Kirche wurde im Juli 2014 eingeweiht und begeht am 23. August ihr **Kirchweihfest.**

› **Kirche Agía Eleoússa** <058> Eintritt frei (Spende erwünscht)

› **Anfahrt:** Die unbefestigte Straße hat zwar schon bessere Tage gesehen, ist jedoch mit ein wenig Vorsicht befahrbar. Aus Póros 19 sind es mit dem Auto ca. 10 km gen Süden, von Skála aus geht es ca. 12 km landeinwärts bzw. gen Norden. Alternativ per Taxi erreichbar, ein Bus fährt nicht zur Kirche.

www.facebook.com/sirocorestaurant, tgl. 9–1 Uhr. Nettes Lokal mit gutem Imbissangebot und warmen Gerichten zu günstigen Preisen.

Einkaufen

- **Sugaro Pastry Shop** <059> Od. Skála – Póros, etwa 1,5 km vom Zentrum Skálas entfernt, auf Facebook. Süßwarengeschäft ähnlich einer Konditorei mit köstlichen süßen Kreationen.
- **Supermarkt:** Im Zentrum an der breiteren Querstraße gibt es mehrere Supermärkte.

19 Póros ★★ [H8]

Πόρος

Póros hat seinen ganz eigenen Charme. Der sich entlang der Ostküste und auf die umliegenden Hügel erstreckende Ort besticht mit seinem Hafen, seinen gemütlichen Tavernen, Bars und Restaurants sowie attraktiven Stränden.

Póros selbst besitzt **zwei Strände:** Im Zentrum lockt der schmale, relativ kurze Ortsstrand, im Norden der lange Kiesstrand Rágia (s. S. 45), der über eine gute Infrastruktur verfügt und für seine Sauberkeit mit der Blauen Flagge ausgezeichnet wurde. Beide bestehen aus Kies. An den Stränden finden des Öfteren **Veranstaltungen** wie Livekonzerte oder Strandpartys statt, die sich an ein jüngeres Publikum richten.

Der **Hafen** befindet sich im südlichen Bereich des Küstenkleinods. Hier herrscht in der Sommersaison reger Betrieb, denn die **Fähre** verbindet **Kyllíni** auf der Halbinsel Peloponnes (Festland-Griechenland) mit Kefaloniá. Trotz des Fährbetriebs ist das Örtchen durch seine Lage und den etwas abseits liegenden Hafen recht beschaulich.

Die **Küstenpromenade** im Ortskern lädt zum Bummeln und Verschnaufen am Meer sowie mit ihren **Lokalen** zur Einkehr ein. Diverse **Hotels** und Pensionen bieten für jeden Geschmack und Geldbeutel die richtige Unterkunft. Ein Tennisplatz, ein Auto- und Fahrradverleih sowie ein Segelbootanbieter stehen hier ebenfalls zur Verfügung. Im Zentrum gibt es eine Buchhandlung und eine Poststelle, nahe der kleinen Brücke und der Bushaltestelle.

Links der Hafen von Póros mit seinem Bootssteg, rechts daneben erkennt man die Siedlung

035ke-sm

› **Anfahrt:** mit dem Auto ab Argostóli in rund 50 Min. (39 km), mit dem Bus (Fahrziel Póros) in ca. 1½ Std. oder per Taxi

20 Mykenisches Grab von Póros ★★★ [H9]

Μυκηναϊκός Θολωτός Τάφος Πόρου

Ein wenig versteckt zwischen unzähligen Bäumen, aber dennoch gut ausgeschildert, liegt das **größte und bedeutendste mykenische Grab der Ionischen Inseln** rund 3,5 km westlich von Póros.

Es handelt sich um ein **Kuppelgrab (Tholos-Grab)** aus der Zeit um 1350 v. Chr. mit einem Durchmesser von 6,80 m und einer maximalen Höhe von 3,95 m. 1982 wurde das Gebiet von dem Archäologen Thomas W. Gallant erstmals systematisch untersucht. Genauere Erkenntnisse gewann man im Rahmen des Sechsten Ephorats für Prähistorische und Klassische Altertümer unter der Leitung von Lázaros Kolonás.

Keramikfunde und Artefakte lassen darauf schließen, dass die Stätte zur **Ahnenverehrung** genutzt wurde. Die Bestattungen erfolgten in gemauerten, rechteckigen Nischen innerhalb des 4 m tiefen, grubenartigen Grabmals. Bedeckt war es ursprünglich mit einem Gewölbe, das jedoch in venezianischer Zeit eingestürzt sein soll. Zum Grab führt ein für mykenische Gräber typischer, ringsum gemauerter Mündungsweg von 3,35 m Länge, 1 m Breite und 1,90 m Höhe. Dieser ist im Original erhalten. Das Grab ist von einer **Mauer** aus Ton eingefasst, deren Funktion jedoch bis heute nicht geklärt werden konnte.

Ganz in der Nähe wurde ein weiteres Grab entdeckt, das als vierseitiges **Kammergrab** beschrieben wird und nach Aussage von Experten in seinem Aufbau eher untypisch für Kefaloniá ist (nicht zu besichtigen). In diesem Grab befanden sich 72 Skelette, weshalb Wissenschaftler davon ausgehen, dass es sich wohl um einen außergewöhnlichen Anlass gehandelt haben muss, der zum Anlegen des Grabes geführt hatte.

› **vorübergehend geschlossen,** Eintritt frei

› **Anfahrt:** Mit dem Auto von Póros auf der Hauptstraße in Richtung Markópoulo [H10], nach ca. 3,5 km links abfahren (Grab ausgeschildert). Mit dem Bus (Fahrziel Póros) steigt man in Tzánata aus und läuft rund 100 m in Richtung Dorfzentrum und Póros, biegt dann an der Beschilderung in die schmalere Straße ein und folgt dieser 400 m geradeaus (Gräber links). Alternativ nimmt man ab Póros ein Taxi.

Infos und Reisetipps

› **Geldautomat:** am Hafen

› **Tankstelle:** nahe dem Stadtbezirksamt im Zentrum

Strände

› **Central Square Beach (Ortsstrand)** <060> direkt an den Ortskern anknüpfender kleiner, schmaler Kiesstrand mit klarem Wasser. Teilweise Infrastruktur in Form von Sonnenliegen und -schirmen sowie Duschen.

› **Rágia** <061> rund 800 m langer Kiesstrand, der nördlich an den Ortsstrand angrenzt, zum Teil mit Sonnenliegen und -schirmen ausgestattet. Parkmöglichkeiten vorhanden. Wasser ungetrübt und seicht. Ideal für Familien. Für das leibliche Wohl sorgen Strandbars und Tavernen.

› **Maximus** <062> südlich des Hafens gelegener, rund 600 m langer, naturbelassener Kiesstrand mit kristallklarem Wasser und einigen im Meer befindlichen Felsen. Keine Infrastruktur und kaum frequentiert. Größere Steine in Ufernähe, dann folgt Sand.

Küstenpromenade und Stadtstrand von Póros

- **Liménia** <063> südlich vom Maximus-Strand gelegen. Schmaler Naturstrand mit Kies, reinem, azurblauem Wasser und größeren Felsen, die teilweise bizarr aus dem Meer ragen – ein reizvoller Anblick. Rund 2,6 km vom Hafen in Póros entfernt.

Unterkünfte

- **Faro del Porto** € <064> Gerasímou Metaxá 17, über Buchungsportale buchbar, Tel. 6986175591. Ansprechendes Hotel mit hellen, zweckmäßigen und dennoch wohnlichen Zimmern mit Balkon und Küchenzeile. Selbstverpflegung. Schöne Aussicht auf den Hafen von Póros.
- **Kalypso Rooms** € <065> im zentralen Bereich der Küstenstraße gelegen, www.kalypso-poros.gr/eng, Tel. 2674072265. Pension direkt am Strand mit sauberen, einfach ausgestatteten Zimmern mit Balkon und zum Teil mit Meerblick. Der Eigentümer bewirtschaftet auch eine Taverne. Mit Poolanlage.

Wandertipp: Wasserfall Potistí

Erlebnisreich ist eine kurze Wanderung zum wunderschönen Wasserfall Potistí. Die Strecke hat eine Länge von ca. 800 m und ist in rund 20 Minuten zu schaffen. In der Hochsaison ist der Wasserfall wegen der Hitze meist ausgetrocknet. Wer jedoch im Winter, im zeitigen Frühjahr oder im Herbst auf Kefaloniá weilt, der hat gute Chancen, ihn zu sichten.

Beachten sollte man jedoch, dass man sich bei dieser Wanderung auf relativ unbefestigtes, naturbelassenes Terrain ohne regelmäßig gepflegte Pisten begibt. Wegen der Rutschgefahr ist unbedingt auf festes Schuhwerk mit ausreichend Profil zu achten. Wer allergisch auf Insektenstiche reagiert, sollte diese Tour nicht machen oder aber ausreichend Antihistaminika dabeihaben.

Von Póros 19 aus fährt man zunächst auf der Küstenstraße 3,6 km nach Süden in Richtung Skála 16. Am Ende von Cronídis Beach ist auf der rechten Straßenseite ein kleiner Parkplatz mit einer Trockenmauer zu sehen. Dort parkt man und geht den kleinen Pfad zur Wiese hinauf. Nachdem man die Wiese auf dem Pfad überquert hat, führt dieser durch das Flussbett, das jedoch nicht tief ist und trockene Stellen zum Überqueren besitzt. Die Piste ist relativ schmal und verläuft durch die wilde Natur. Dabei begegnet man vielen Insekten und eventuell so mancher Schlange. Am Ende des Pfads geht es ein wenig bergab, bis nach wenigen Metern das Ziel, der Wasserfall, erreicht ist.

- **Wasserfall Potistí** <066>

Essen und Trinken

- **Agrapidos** € <067> auf der Landzunge auf einem Hügel oberhalb des Hafens, Tel. 2674072480, auf Facebook, tgl. 8–23 Uhr. Herrlich gelegene Taverne mit grandioser Sicht auf die Bucht von Póros. Sehr leckeres Essen von gegrilltem Gemüse über saftige Lammkoteletts bis zu gebackenem Fisch und gegrilltem Oktopus. Unbedingt hingehen!
- **Manentis Boulangerie-Patisserie** <068> im Ortskern, Mo–Sa 7–14.30 Uhr. Bäckerei mit leckeren Süßwaren wie Kuchen, Pralinen und Törtchen, aber auch Snacks wie Toast, belegte Baguettes und Minipizzen. Ideal für den kleinen Hunger zwischendurch.
- **Patisserie Giannakis** <069> Agíou Grigoríou, www.facebook.com/zaxaroplastiki.giannakis, an der nördlichen Küstenstraße gelegen, tgl. 8–2 Uhr. Patisserie, Café und Eisdiele mit Sitzmöglichkeiten. Sehr zu empfehlen ist das Eis, das himmlisch schmeckt. Gute Auswahl.
- **Romantza 1926** €€ <070> am Stadtstrand von Póros, Tel. 2674073143, https://romantza1926.gr, tgl. 11–24 Uhr. Gemütliche, traditionsreiche Fischtaverne mit sämtlichem Meeresgetier, das hier ausgezeichnet zubereitet zu echten Leckerbissen wird. Reizende Sicht aufs Meer. Sehr empfehlenswert.

Einkaufen

- **Giannaki** <071> Epar. Odos Argostoliou – Porou, Ag. Irini, Tel. 2674072372, www.giannakistyria.gr, Mo, Di 8–14.30 und 18–22, Mi–Sa 8–15 und 18–22, So 8–14 und 18–22 Uhr. Gut ausgestatteter Käseladen mit allen gängigen griechischen Käsesorten. Rund 6 km landeinwärts von Póros gelegen.
- **Souvenirläden:** entlang des Stadtstrandes von Póros
- **Supermarkt:** im Hafenbereich und an der Küstenstraße am Strand sowie im Zentrum von Póros

Mitte und Osten

Die Mitte und der Osten der Insel sind für Besucher die wohl interessantesten Gebiete Kefaloniás. Hier locken die wichtigsten Sehenswürdigkeiten, darunter stille Zeitzeugen wie die **verlassenen Dörfer Alt-Valsamáta** 26 und **Alt-Vlacháta** 36, die beim Erdbeben 1953 vollkommen zerstört wurden.

Südlich der Halbinsel von Argostóli beginnt der **Livathós**, eine fruchtbare Gegend, bestehend aus 25 Dörfern mit überwiegend mediterraner Vegetation aus Zypressen, Oliven, Pinien und Orangenbäumen. Herrlich sind die **kleinen Badebuchten**, die nicht selten von üppiger Natur und bizarren Felsformationen eingerahmt sind.

Wer von Argostóli aus die gewundene Hauptstraße in **Inselinnere** nimmt, der durchfährt die typische, dichte Macchia-Landschaft und erreicht zunächst die venezianische **Burganlage Agíou Georgíou** 24, das sogenannte Kástro. Ganz in der Nähe liegt etwas versteckt das **Kloster Ágios Andréas Milapidiás** 23, eines der ältesten Konvente des Eilands, das heute das sehenswerte Byzantinische Museum birgt. Wenig später gelangt man zum **Kloster Ágios Gerásimos** 25, einem der wichtigsten Gotteshäuser der Insel.

Der beliebte **Küstenort Sámi** 30 und dessen Umgebung gehören zweifelsohne zu den touristischen Highlights, liegen doch hier die beiden berühmten **Tropfsteinhöhlen Drogaráti** 28 und **Melissáni** 35 – Letztere ist mit ihrem einzigartigen Grottensee außerordentlich attraktiv. Ganz anders sieht es mit den versteckten und kaum bekannten **Höhlenseen von Zerváti** (s. S. 68) aus, die weder ausgeschildert sind noch wesentlich von Touristen aufgesucht werden.

Wenige Kilometer nördlich von Sámi liegt das verschlafene Fischerdorf **Agía Effimía** 37, das von Besuchern meist eher für einen kurzen Zwischenstopp in einer der einladenden Tavernen am Hafen angesteuert wird als für einen längeren Aufenthalt. Entsprechend ruhig und beschaulich geht es dort zu.

Das wohl beliebteste Fotomotiv der Gegend ist der **Andísamos Beach** 34 südlich von Sámi, der in dem Film „Corellis Mandoline" (s. S. 66) als Drehort diente und reichlich Badefreuden verspricht. Von dort aus ist es nicht mehr weit bis zur **Akrópolis des antiken Sámi** 32, deren Reste auf einem Berg zu finden sind, und zum **Kloster Ágioi Fanéntes** 31, das mitsamt der Akrópolis über einen reizvollen **Wanderweg** mit Sámi verbunden ist (s. Wanderung 5 auf S. 102).

21 Lakíthra ★★ [D9]

Λακήθρα

Das lang gezogene 400-Seelen-Örtchen Lakíthra liegt in unmittelbarer Nähe zum **Inselflughafen** (s. S. 120) im Gemeindebezirk **Livathós.** Auf den ersten Blick scheint es von geringem touristischen Interesse zu sein. Doch der Schein trügt, denn schaut man genauer hin, dann offenbart der Ort Besuchern seine tatsächliche Schönheit.

Wirklich fantastisch ist die **Aussicht** vom westlichen Teil des Ortes, der **Kallithéa** genannt wird. Von dort kann man den Blick über den Flughafen bis zur **Nachbarinsel Zákynthos** und das kleine Felseneiland **Días** (s. S. 50) schweifen lassen.

Ein wenig versteckt in einer Seitengasse neben einer kleinen **Kapelle** lockt **Byron's Rock**, jener **Aussichtspunkt,** an dem der berühmte britische Dichter **Lord Byron** (s. S. 49) während seines Aufenthalts auf der Insel im Jahr 1823 häufig weilte und an dem er Inspiration für seine Gedichte fand. Byron's Rock ist in der Tat ein bezaubernder Ort mit einmaliger Panoramasicht, vor allem bei Sonnenuntergang. Ein **Gedenkstein** mit einer Plakette erinnert an den Poeten.

Nur einen Steinwurf von Byrons Lieblingsort entfernt liegen die **mykenischen Gräber.** Die vier Kammergräber wurden in den Jahren 1931 und 1932 von dem Archäologen Spyrídon Marinátos entdeckt. Sie enthielten etliche Grabbeigaben wie Vasen, Halsketten und Goldschmuck.

Außer diesen beiden Highlights hat Lakíthra einige Geschäfte des tägli-

Von Lakíthra aus bietet sich ein herrlicher Ausblick auf die Küste und den Flughafen

037ke-sm

KURZ & KNAPP

Lord Byron

Byron wurde am 22. Januar 1788 in London geboren und gilt als bedeutender Dichter der englischen Romantik. Zu seinen wichtigsten Werken zählen das Versepos „Childe Harolds Pilgerfahrt“ und die dramatischen Gedichte „Der Gefangene von Chillon“ sowie „Manfred“. Byron war ein Lebemann und hatte sowohl Affären mit Frauen als auch mit Männern. 1809 reiste er in verschiedene Mittelmeerländer, darunter auch Griechenland, da ihm zu Ohren gekommen war, dass man dort toleranter gegenüber homosexuellen Beziehungen sei. Der Dichter galt aber auch als überzeugter Philhellene („Freund Griechenlands“) und schloss sich 1823 der griechischen Unabhängigkeitsbewegung an. Nur ein Jahr später, am 19. April 1824, verstarb er im griechischen Messolóngi an einer Unterkühlung. Bis heute wird Byron in Griechenland hoch verehrt.

chen Bedarfs, ein paar nette Tavernen und Restaurants sowie eine Handvoll Kirchen und Unterkünfte zu bieten.

› **Anfahrt:** Mit dem Auto fährt man ab Argostóli in Richtung Pessáda. Lakíthra liegt auf der Strecke. Mit dem Bus (Fahrtrichtung Svoronáta, ca. 40 Min.) Ausstieg im Ort. Alternativ per Taxi.

› **Byron's Rock:** Aus Argostóli kommend, biegt man beim Ortseingang von Lakíthra am Restaurant Lord Byron rechts ab, ein Schild weist den Weg. An der Kapelle kann man parken (sonst kaum Parkmöglichkeiten im Ort).

› **Mykenische Gräber:** tgl. außer Di 8.30–16 Uhr. Zu Fuß geht man von der Kapelle zurück auf die Seitenstraße, wendet sich nach rechts und folgt dieser ca. 160 m, bis rechter Hand eine kleine Gasse zu sehen ist (Eingang zu den Gräbern). Dort einbiegen und weitere 60 m laufen.

Strand

› **Ámmes** <072> südwestlich von Lakíthra gelegener, schöner Sandstrand von etwa 150 m mit seichtem, türkisblauen Meer, teilweise mit Sonnenliegen und -schirmen. Hier kann es angesichts der Lage direkt neben dem Flughafen mitunter sehr laut werden, da die Flugzeuge wenige hundert Meter über den Köpfen fliegen, daher nichts für Babys. Für ältere Kinder und Erwachsene aber durchaus geeignet. Taverne und WC vor Ort.

22 Metaxáta ★ [D9]

Μεταξάτα

Rund 10 km südöstlich von Argostóli in einer Höhe von etwa 140 m befindet sich das – nach Meinung vieler Insulaner – schönste Dorf Kefaloniás mit **gepflegten Gärten und attraktiven Villen.** Metaxáta hat etwa 500 Einwohner und liegt im Gemeindebezirk **Livathós.** Man erzählt sich, in dem Ort würde sich die eher wohlhabende Bevölkerung niederlassen. Ob dies so stimmt, sei dahingestellt. Rund um Metaxáta werden vornehmlich Landwirtschaft und Viehzucht betrieben.

1453 wurde das Dorf von dem byzantinischen Adligen **Marcantonio Metaxas** gegründet, auf den auch dessen Name zurückgeht. Allerdings reichen die Wurzeln des Ortes bis mindestens in die mykenische Periode (späte Bronzezeit, ca. 1400–1300 v. Chr.) zurück, denn in der näheren Umgebung fand der Archäologe Spyrídon Marinátos mehrere **mykenische Gräber.**

Im Jahr 1823 lebte der britische Dichter **Lord Byron** (s. links) vier Monate lang in Metaxáta, bevor er nach Messolóngi in Westgriechenland aufbrach. Ihm zu Ehren steht heute eine **Statue** auf dem zentralen **Dorfplatz.** Sein früheres Haus steht in unmittel-

Die Insel Días und ihr alter Brauch

Südwestlich von Klísmata liegt das felsige Eiland Días [D10] im Ionischen Meer, etwa eine halbe Seemeile vor der Westküste Kefaloniás. Die Insel ist auch unter den Namen Dionísi, Theonísi, Zeús oder – wegen der Steilküsten ringsum – als „marines Metéora" (in Anlehnung an die berühmte UNESCO-Welterbestätte in Thessalien) bekannt.

Auf der kleinen Felseninsel soll sich in der Antike ein Altar des Gottes Zeus befunden haben, daher auch der Zweitname Zeús. Nach Aussagen von Einheimischen soll sich damals ein zweiter Zeus-Tempel auf dem Gipfel des Aínos ⓬ befunden haben, wobei stets an beiden Orten gleichzeitig Opfergaben dargebracht worden sein sollen. Die Verständigung erfolgte mithilfe von Rauchzeichen.

Vermutlich zu Beginn des 19. Jh. wurde auf der Insel das kleine Kloster Panagía Vlachérna gegründet, 1805 zählte es drei Mönche. Unter britischer Herrschaft (1809–1863) wurde das Eiland zum Exil für Geistliche, da viele Priester beschuldigt wurden, Volksaufstände gegen die Briten angezettelt zu haben. Das Innere der Kapelle wurde zu jener Zeit von einem Priester aus Zákynthos ausgestaltet. Ein weiterer Priester baute die heute noch bestehende Steintreppe mit 100 Stufen, die vom Meer zur Kapelle hinaufführt. In den Jahren 1867 und 1953 wurde das Kloster durch zwei Erdbeben schwer beschädigt und anschließend wieder aufgebaut.

Die auf der Insel stehende Kapelle Theotókous von Vlachérna, auch bekannt als Panagía Diótissa, wurde 1963 eingeweiht und feiert alljährlich am 2. Juli ihr Weihfest – die einzige Gelegenheit, die Kapelle als Tourist zu besichtigen. Dabei wird damals wie heute eine maritime Prozession mit einer Vielzahl von geschmückten Booten veranstaltet, die am Hafen in Pessáda [E9] startet. Die Ikone der Jungfrau Maria, die in Pessáda aufbewahrt wird, wird dabei auf die Insel gebracht. Rechts vom Dock befindet sich eine kleine Winde, mit der die Boote aus dem Meer gezogen werden und somit nicht durch die Brandung beschädigt werden. Auf der Insel angekommen, wird ein Gottesdienst in der Kapelle abgehalten. Besucher, die das Fest miterleben möchten, sind herzlich willkommen, sollten jedoch festes Schuhwerk tragen, denn die Treppenstufen auf der Insel sind schmal, glatt und rutschig.

barer Nähe und wird von einer Gedenktafel markiert. Den Dorfplatz schmückt zudem die **Kirche Agía Paraskeví** mit ihrem Glockenturm. Hier prangt eine Gedenktafel, die an die 1925 mit dem Dampfer „Margerita" im Indischen Ozean versunkenen sechs Dorfbewohner erinnert.

1953 wurde das beschauliche Dorf, wie so viele Inselorte, vom **Erdbeben** zerstört und bis Ende der 1950er-Jahre erneut aufgebaut. Die meisten Häuser behielten jedoch ihren Charakter aus der Zeit vor dem Beben. Von den zuvor vorhandenen sechs **Kirchen** sind drei erhalten – die bereits erwähnte Agía Paraskeví und die Kirchen Panagía Theotókou und Ágios Nikólaos. Letztere soll im 17. Jh. der Sitz des Bistums von Kefaloniá und Zákynthos gewesen sein, weshalb sie heute als Episkopí („Diözese") bekannt ist. Hier soll sich zudem die **erste Druckerei Griechenlands** befunden haben, die im Jahr 1625 von Nikólaos Metaxás gegründet worden war. Reste der alten Drucker sind im Innenhof der heutigen Kirche zu sehen.

› **Anfahrt:** wie Lakíthra 21, nur rund 1 km weiterfahren. Mit dem Bus (Fahrtrichtung Svoronáta, ca. 40 Min.) Ausstieg im Ort. Alternativ per Taxi.

Strände

› **Ávithos** <073> 400 m langer Sandstrand südlich von Metaxáta mit Beachbar und türkisfarbenem Wasser. Teilweise mit Infrastruktur. Parkplätze vorhanden.

› **Amandákis** <074> am südlichsten Zipfel von Livathós gelegen. Es handelt sich nicht um einen Strand, sondern um einen ins Meer ragenden Felsen mit einem Spalt, der von einer Brücke überspannt wird. Hier kann man sich vom Felsen aus ins Wasser gleiten lassen (nicht für Kinder geeignet). Ein paar Liegen und Sonnenschirme sind vorhanden. Schön bei Sonnenuntergang.

› **Pessáda** <075> rund 7 km südwestlich von Metaxáta gelegener, herrlicher Sandstrand mit einer Länge von lediglich ca. 20 m. Schwieriger Zugang über Treppen und Felsen, einige Felsplatten liegen im Meer. Badeschuhe empfehlenswert. Perfekt für Schnorchler.

MEIN TIPP

Entdeckungsreise zu den Bienen

Die **Imkerei DIAS** in Domáta ist nur etwa 1 km von Metaxáta 22 entfernt. Das Besondere hier sind die **geführten Bienenrundgänge:** Dabei ziehen sich Besucher einen Imker-Schutzanzug an und gehen – begleitet von einem erfahrenen Imker – an den Bienenstöcken auf Tuchfühlung mit den fleißigen, kleinen Insekten. Die Bienenwaben dürfen selbst aus den Stöcken herausgenommen und die Bienenstöcke geöffnet sowie betrachtet werden. So erhalten Besucher einen intensiven Einblick in die Arbeit der Imker und das Leben der Bienen. Nach der Tour lassen sich sämtliche **hofeigenen Produkte verkosten und erwerben.** Dazu zählen verschiedene Honigarten, Honigkuchen, Bienenwachskerzen, Pollen, Propolis – alles in **Bioqualität** –, aber auch Weine, Säfte und Kräutertees.

› **Beekeeping DIAS** <076> Domáta, Tel. 2671042166, 6979679846, https://beekeeping.gr/dias, April–Okt. tgl. 10–18 Uhr, Touren: ca. 2–3 Std. mit Verkostung, Preis: Erw. 30 €, Kinder 5–14 Jahre 18 €

› **Anfahrt:** mit dem Auto von Argostóli in Richtung Flughafen und von dort aus Metaxáta oder Svoronáta [D9] ansteuern. Genau in der Mitte zwischen beiden Ortschaften liegt Domáta (Ntomáta). Die Imkerei befindet sich in der Nähe der Dorfkirche und ist gut ausgeschildert.

› **Sonstiges:** Für Kinder unter 5 Jahren ist die Bienenführung nicht zu empfehlen. Sie ist wetterabhängig. Buchungen vorab per Telefon oder über die Webseite (Kontaktformular).

› **Tipp:** Falls die aus dem Jahr 1821 stammende Dorfkirche von Domáta (seit 1957 Nationaldenkmal) geöffnet sein sollte, was leider eher selten der Fall ist, dann sollte man unbedingt einen Blick hineinwerfen. Sie enthält eine der schönsten Ikonostasen Griechenlands und erinnert mit dem original erhaltenen provisorischen Sarg an den Patriarchen und Nationalmärtyrer Gregor V. Diesen Sarg hatte man für seine Beerdigung in Odessa angefertigt. Die Gebeine wurden 1871 von Odessa nach Athen überführt, wo Gregor V. in einer Marmorurne beigesetzt wurde.

Tagesausflug nach Zákynthos

Ab Pessáda (s. S. 51), ca. 9 km südöstlich vom Flughafen Kefaloniás gelegen, fährt mind. zweimal täglich eine Fähre nach Zákynthos, genauer nach Àgios Nikólaos, einem der beliebtesten Badeorte der Insel. Von dort aus kommt man bequem mit dem Bus weiter oder man mietet sich für einen Tag ein Fahrzeug bei den dort ansässigen Autovermietungen.

Zákynthos ist nicht unbedingt etwas für Ruhesuchende, denn die Insel ist im Aufbruch. Insbesondere wird sie von **Partyfreudigen** angesteuert, die sich in den immer zahlreicheren Musikclubs die Nacht um die Ohren schlagen. Die Insel wird aber auch von **Sonnenanbetern** gerne besucht, denn sie verwöhnt ihre Gäste mit herrlich weißen Sandstränden, türkisblauem Meer und saphirblauen Buchten und Grotten. Entsprechend voll kann es werden.

Das Innere der Insel ist mit Weinstöcken, Zitrusbäumen, alten Klöstern, blumenübersäten Wiesen und knorrigen Olivenbäumen zwischen hügeligem Land und höheren Gebirgsketten übersät. Hier können auch **Ruhesuchende** abschalten. In der Laganás-Bucht befindet sich zudem ein **Meeresschutzgebiet,** in welchem mit etwas Glück die Karettschildkröte beobachtet werden kann.

Rund um die Insel befinden sich **zahlreiche Strände.** Laganás und Gérakas gehören zu den längeren Stränden, die insbesondere für Familien mit Kindern zu empfehlen sind. Letzterer wird häufig von Schildkröten frequentiert.

Im **Hauptort Zákynthos,** der den gleichen Namen wie die Insel trägt, warten die Überreste der venezianischen Festung Bóchali, einige sehenswerte Kirchen und Museen, kleinere hübsche Plätze, zahlreiche Geschäfte, Bars, Cafés und Tavernen auf einen Besuch.

Fähren verkehren mehrmals täglich; die erste startet um 7.30 Uhr ab Kefaloniá (Ionian P. Lines) und die letzte kehrt abends um 19.15 Uhr wieder nach Kefaloniá zurück. Partygänger, die nachts in Zákynthos unterwegs sein möchten, können die Fähre um 17.30 Uhr ab Kefaloniá nehmen und am darauffolgenden Morgen um 9.45 Uhr zurückfahren. Die genauen Fahrzeiten werden saisonal bekanntgegeben und sollten vorab auf der Website des Fähranbieters kontrolliert werden:

- https://ionionpelagos.com
- **Literaturtipp:** InselTrip Zakynthos, Reise Know-How Verlag

- **Spartià Beach** <077> ca. 9 km südöstlich des Flughafens gelegener kleinerer Strand, der von einer Felswand eingerahmt wird. Das Wasser ist seicht, jedoch mit Felsen und Steinen durchsetzt. Wenig besucht. Kostenfreies Parken in der Nähe.

Farbenfrohe Fresken zieren die alte Klosterkirche Ágios Andréas Milapidiás ㉓

Unterkunft

- **Apollon Palace** €€ <078> an der Epar. Od. Argóstoli – Pessádon, im Norden von Metaxáta, www.apollon-palace.com.gr, Tel. 2671042004. Dreisternehotel mit rustikal eingerichteten Zimmern. Nächste Bushaltestelle ca. 300 m, Taverne 500 m, Strand knappe 4 km. Auto empfehlenswert.
- **Panas Hotel** €€ <079> Kleimatsiás Beach, Spartià, https://panas-kefalonia.com,

Tel. 2671069941, Mindestaufenthalt 3 Nächte. Einfaches, aber sauberes und gut gelegenes Hotel. Nur 50 m vom Hotel entfernt liegt der Spartíá-Strand (s. S. 52). Das Hotel bietet neben hübschen DZ auch einen Swimmingpool, ein Café und Restaurant, einen Garten und Parkplätze. Nächste Bushaltestelle 2 km.

Essen und Trinken

- **Avithos Preview** €€€ <080> am Strand von Ávithos, https://avithospreview.com, Tel. 2671042135, tgl. 12–23 Uhr. Taverne in sagenhafter Lage am Meer inmitten von viel Grün. Gute Auswahl an hausgemachten traditionellen Spezialitäten und typisch griechischen Gerichten. Extrasparte für Vegetarier auf der Speisekarte.
- **Cavo Liakas** €€ <081> Spartiá, ca. 5 km östlich von Metaxáta, Tel. 2671069536, tgl. 17.30–1 Uhr. Taverne ein wenig abseits der Hauptrouten. Einfache griechische Hausmannskost ohne Schnickschnack im lauschigen Ambiente unter Traubenreben.

23 Kloster Ágios Andréas Milapidiás ★★ [E9]

Μονή Άγιος Ανδρέας Μηλαπιδιάς

Nur rund 3 km trennen die bildhübsche Klosteranlage vom Kástro 24. Das Kloster steht südlich von Peratáta ein wenig isoliert am Fuße eines Hügels und ist umringt von schönem Baumbestand. Das **byzantinische Kloster** gehört zu den **ältesten der Insel.** Es wurde 1264 erstmals erwähnt, als Teil des lateinischen Bistums. Experten vermuten jedoch, dass es schon in frühbyzantinischer Zeit errichtet wurde. Bis zum Jahr 1579 galt das Kloster als verlassen, wurde dann jedoch von drei Ordensschwestern wiederbelebt. Sie hatten das Land gekauft und sich dazu ent-

038ke-sm

schlossen, an diesem Ort ein isoliertes Leben zu führen. Die Nonnen modifizierten auch die bereits vorhandene alte Kapelle des Apostels Andreas. Im Jahr 1639 trat die griechisch-rumänische Prinzessin **Roxanne Tsigara** dem Orden bei. Sie vermachte dem Kloster nicht nur ihr Vermögen, sondern auch eine bedeutende **Reliquie: den rechten Fuß des Apostels Andreas**, die hier noch heute unter Glas aufbewahrt wird. An diesem soll noch das Loch der Kreuzigung sichtbar sein.

Bis heute fungiert das Gotteshaus als **aktives Nonnenkloster.** Die Ordensschwestern widmen sich der sakralen Kunst, Hagiografie (Heiligenkunde), Textil- und Gartenarbeit sowie der Landwirtschaft. Das Kloster beherbergt alte **Fresken aus dem 17. Jahrhundert**, die noch bis 1953 unter einer Kalkschicht verborgen waren, von der erst infolge des Erdbebens Teile abfielen. Diese Kalkschicht geht auf die Zeit des britischen Protektorats zurück: Die Briten hatten das Gotteshaus 1823 als Waisenhaus und Schule genutzt und die

schönen Malereien kurzerhand überputzt. Die **Ikonostase**, die sich im Kloster befindet, stammt ebenfalls aus dem 17. Jh.

Das alte **Katholikon**, das sich neben dem Kloster befindet, birgt heute auf zwei Ebenen das interessante **Byzantinische Museum**. Es zeigt eine Vielzahl alter Ikonen und Ikonostasen, original Mobiliar vergangener Jahrhunderte, Gemälde und liturgische Kleidung sowie liturgische Gegenstände.

Weiterhin sind auf dem Gelände die Unterkünfte der Nonnen, eine Werkstatt, das neue Katholikon und ein kleiner Friedhof untergebracht. Zu dem Komplex gehören ferner die Kapellen der Erzengel, des hl. Nikolaus der Scardabeli-Familie, der hl. Katharina und der hl. Paraskeví sowie der Jungfrau Eleoúsa „Áxion Estí".

Der **Name** Ágios Andréas Milapidiás leitet sich vom Milapidia-Baum ab, einer Veredelung aus Birnen- und Apfelbaum. Jährlich am 30. November findet das **Klosterfest** im Gedenken an den hl. Andreas statt. Ein zweites großes Fest wird am Freitag nach Ostern begangen.

Schon von Weitem sichtbar: das Kástro Agíou Georgíou

- **Kloster:** tgl. 7–14 und 17–20 Uhr, Eintritt frei
- **Museum:** Mo–Sa 8–14 Uhr, Eintritt: 3 €
- **Anfahrt:** Mit dem Auto fährt man ab Argostóli in Richtung Kástro (24), biegt aber kurz vor Peratáta [E9] rechts zum Kloster ab (Beschilderung folgen, Parkplatz vor dem Kloster). Die Straße ist asphaltiert. Alternativ nimmt man ein Taxi. Eine Busverbindung (Fahrziel Póros (19), ca. 15 Min.) besteht bis nach Peratáta. Von dort aus geht es zu Fuß ca. 700 m zum Kloster, vorbei an der Dorfkirche. An der Tankstelle biegt man rechts ab.

(24) Kástro Agíou Georgíou ★★★ [D9]

Κάστρο Αγίου Γεωργίου

Wer aus Argostóli kommt, erblickt schon von Weitem die imposante Festungsanlage, die den Namen Burg des hl. Georg trägt. Sie hat eine enorme Grundfläche von rund 16.000 m² und einen Umfang von 600 m und thront auf einem Hügel ganz in der Nähe des Inselbergs Aínos (12). Von hier oben genießt man eine einmalige Fernsicht über das gesamte Eiland.

Die **gewaltige Anlage** ist von dicken Mauern mit drei Bastionen umringt. Im Inneren sind die Ruinen zahlreicher Gebäude sowie Kirchen erhalten – ein erster Hinweis darauf, dass die polygonale Burg mehr als nur eine Verteidigungsanlage gewesen sein muss. In der Tat fungierte sie seit dem 13. Jh. bis zum Jahr 1757 als **Hauptstadt Kefaloniás**, einerseits zum Schutz vor Piratenüberfällen und Eindringlingen und andererseits – später unter venezianischer Herrschaft – als Zentrum von Schulen, Adel und Verwaltung.

Die Entstehung des Kástro geht auf das 12. Jh. und die **Byzantiner** zurück. In den Jahren 1185 bis 1479 gehört die Insel zur **Pfalzgrafschaft Kefaloniá und Zákynthos** und gelangte damit u. a. unter den Einfluss der **Venezianer.** Zunächst wurde das Eiland im Auftrag der Normannen von Margarito da Brindisi (1185–1197) regiert, dann übernahm die Orsini-Dynastie (1197–1358) und schließlich die langobardische Tocco-Dynastie (1357–1479). Von 1479 bis 1481 wurde das Kástro erstmals für zwei Jahre von den **Osmanen** besetzt, dann gelangte es erneut in die Hände der Tocco-Dynastie – bis zur zweiten türkischen Besetzung im Jahr 1485, die 15 Jahre dauern sollte. Im Zuge der osmanischen Herrschaft litt die Insel unter Hungersnöten und Seuchen. Erdbeben taten ihr Übriges, um die Einwohnerzahl von Kefaloniá auf lediglich 10.000 Menschen zu dezimieren.

Rund **300 Osmanen** hatten sich schließlich im Jahr 1500 **auf dem Kástro verschanzt** und waren von Tausenden Venezianern und Spaniern umzingelt. Die Osmanen waren deutlich in der Unterzahl. Aus dem Holz der Bäume, die auf dem Aínos-Berg wuchsen, hatten sie unzählige Waffen gefertigt. Jeder Krieger war mit sieben Bögen und 7000 Pfeilen ausgestattet worden. Aber auch die Venezianer und Spanier holzten den Aínos-Berg zum Zwecke der Verteidigung ab. Die letzte Schlacht auf der Burg war verheerend. Auf türkischer Seite wurden vergiftete Pfeile, Teer, heißes Öl und Steine eingesetzt, auf venezianisch-spanischer Seite scharfe Geschütze, die die dicken Mauern zum Teil zum Einsturz brachten. Die Schlacht wurde schließlich nach 50 Tagen Belagerung am **Heiligabend des Jahres 1500** mit dem **Sieg der Venezianer** beendet.

Die zerstörte Burg wurde 1504 durch den Ingenieur Nikólaos Tsimáras auf den Ruinen der byzantinischen Festung als **Città di Cefaloniá (Stadt von Kefaloniá)** neu errichtet. Dabei wurden auch Verwaltungsgebäude und Wohnsitze für Adlige innerhalb der Festungsanlage geschaffen, die sogenannte *borgo.* Außerhalb der Festungsmauern entstand eine Siedlung, die sogenannte Vorstadt, auch bekannt als *exoborgo.* Die zuvor stark geschrumpfte Bevölkerung wuchs wieder. Immer mehr Aristokraten, Abenteurer, Kaufleute und Adlige aus dem gesamten venezianischen Herrschaftsgebiet siedelten sich auf Kefaloniá an.

Gegen Ende des 16. Jh. wurde eine Verteidigung der Insel an den Küsten und Häfen immer wichtiger, weshalb die Burg ihren Rang als Verteidigungsanlage allmählich verlor. Durch die Erdbeben von 1636 und 1637 wurde das Kástro in Mitleidenschaft gezogen. Mit der **Verlegung der Hauptstadt ins 7 km entfernte Argostóli** im Jahr 1757 verlor die Burganlage endgültig an Bedeutung. 1953 wurde das Kástro durch das katastrophale Erdbeben erneut stark beschädigt.

Innerhalb des Kástros stehen die **Relikte dreier Kirchen:** der Kirche Evangelístria von 1853 im ionischen Barockstil, der Kirche Ágios Nikólaos und der Kirche Ágios Geórgios, die sogar älter als die ursprüngliche byzantinische Festung sein soll. Zudem gibt es Zisternen, Häuser- und Mauerreste, darunter eine aus einem Felsen gehauene Behausung mit den Initialen D. B., wahrscheinlich für einen *Provveditore,* einen venezianischen Verwaltungsbeamten. Unter jenem Haus soll sich eine Gefängniszelle befunden haben. Außerhalb des Kástros, im Exoborgo-Bereich, sind ebenfalls Häuserreste aus venezianischer Zeit erhalten, außerdem die **Kirche Evangelístria** aus dem Jahr 1580 (eine andere als ihr Namensvetter im Kástro) mit hübscher hölzerner Ikonostase.

- Tel. 2671027546, im Sommer tgl. außer Di 8.30–15.30 Uhr, Eintritt: 3 €
- **Anfahrt:** Empfehlenswert ist eine Anfahrt mit dem Auto, das Kástro ist gut ausgeschildert. Alternativ nimmt man ein Taxi. Eine Busverbindung besteht bis zum unterhalb liegenden Dorf Peratáta [E9]. Von dort geht es rund 2 km zu Fuß den Berg hinauf.
- **Tipp:** Das Kástro lässt sich auch gut im Rahmen einer **organisierten Tour** besichtigen, die in der Regel 4 bis 5 weitere Sehenswürdigkeiten auf der Insel beinhaltet. Sie ist bei einem der zahlreichen Touranbieter wie La Rotta (s. S. 129) buchbar. Die Kosten betragen ca. 55–60 €.

Unterkunft

- **Ionis Hotel** €€ <082> Peratáta, unterhalb des Kástro, www.hotelionis.gr, Tel. 2671069322. Einfaches Zweisternehotel mit eigenem Pool und Poolbar. Helle Zimmer mit Balkon, sehr saubere Anlage. Rund 10–15 Min. mit dem Auto bis Argostóli. Bushaltestelle ca. 150 m, Mini-Markt 100 m entfernt. Die nächste Taverne befindet sich schräg gegenüber.

Essen und Trinken

- **Il Borgo** €€ <083> vor dem Eingang zum Kástro, http://ilborgo.gr, Tel. 2671069800, tgl. 12–23 Uhr. Restaurant mit herrlicher Aussicht auf die Landschaft, die Küste und das Meer. Das Essen (internationale und griechische Küche) ist reichhaltig, lecker und preislich im Durchschnitt. Besonders zu Sonnenuntergang ein Erlebnis.
- **Kafepoleion** <084> Kokília, ca. 1 km nordwestlich vom Kástro, https://kafepoleion.business.site, Tel. 2671068390,

040ke-sm

tgl. 7–3 Uhr. Diese zwischen Shabby Chic und Barock eingerichtete Espressobar ist perfekt für alle, die hochwertige Kaffeespezialitäten in entspannter Atmosphäre genießen wollen. Getränke und Snacks sind geschmackvoll angerichtet.

› **Kastro Cafe** <085> vor dem Eingang zum Kástro, Tel. 2671069367, auf Facebook, tgl. 9.30–18.30 Uhr. Zu dem Café, das von üppig wachsenden Blumen und Kräutern umgeben ist, führt eine Treppe hinauf. Köstlich sind hier die kreativen Backwaren wie Karotten-, Zitronen- und Himbeerkäsekuchen. Unbedingt zu empfehlen für eine kleine Kaffeepause.

㉕ Kloster Ágios Gerásimos ★★★ [E8]

Μοναστήρι του Αγίου Γερασίμου Κεφαλονιάς

Dieses Juwel eines Gotteshauses befindet sich am Fuße des Berges Aínos ⑫ in der Nähe des Dorfes Valsamáta ㉗. Es ist das wichtigste religiöse Gebäude auf Kefaloniá. In ihm werden die Gebeine des Inselheiligen aufbewahrt.

Genau genommen handelt es sich um einen Komplex, bestehend aus der großen, nach 1953 im byzantinischen Stil erbauten **Klosterkirche** und der alten, **kleineren Kirche,** in der das **Skelett des Inselheiligen Gerásimos** (s. rechts) aufbewahrt wird. Die kleinere Kirche wurde 1560 vom Heiligen renoviert, nachdem er fünf Jahre lang in der gleichnamigen Höhle in Lássi gelebt hatte (heute Sitz der Felsenkirche des hl. Gerásimos ⑪).

Als der hl. Gerásimos im Jahr 1560 in **Omalá** ankam, renovierte er die schon bestehende Kapelle der Himmelfahrt der Jungfrau Maria und gründete alsbald ein gemeinschaftliches (zönobitisches) Kloster unter dem Namen **Néa Ierousalím** („Neues Jerusalem").

Die **alte, kleinere Kirche** befindet sich in unmittelbarer Nähe zur neuen Kirche und ist im Inneren mit **Ikonenbildern** bemalt. Außerdem ist dort die Geschichte des Heiligen bildlich dar-

KURZ & KNAPP

Der Inselheilige Gerásimos

Ágios Gerásimos wurde 1506 im Dorf Tríkala in Korinth geboren und ist der **Schutzpatron von Kefaloniá.** Er entstammt der Aristokratenfamilie Notáras. Loúkas Notáras, sein Urgroßvater, war der letzte Megas Doux (eine Art Großadmiral) von Byzanz. Dadurch ergab sich für ihn die Möglichkeit, ein Studium in den besten Einrichtungen der damaligen Zeit zu absolvieren. Danach bereiste Gerásimos viele heilige Stätten Griechenlands, unter anderem Konstantinopel, das heutige Istanbul. Anschließend zog er sich als Mönch auf den Berg Athos zurück. Er wurde später Archimandrit (Vorsteher eines Klosters) im Heiligen Land, wo er zwölf Jahre lang lebte. Von dort aus ging er nach Kreta und anschließend für etwa ein Jahr auf die Insel Zákynthos. 1555 zog er schließlich nach Kefaloniá und lebte zunächst in einer Höhle (heute Felsenkirche des hl. Gerásimos ⑪) nahe Lássi, bevor er fünf Jahre später nach Omalá ging, um hier ein Kloster zu gründen, das heutige **Kloster Ágios Gerásimos** ㉕. Am 15. August 1579 verstarb der Heilige. Sein Todestag wird jedoch erst einen Tag später, am **16. August,** gefeiert, da er sonst mit Mariä Himmelfahrt (Mariä Entschlafung) zusammenfallen würde. Am **20. Oktober** findet in fast jedem kefalonischen Haus eine kleine Feier zugunsten des Heiligen statt.

◁ *Prachtvoll ausgestaltet: das Innere der Klosterkirche Ágios Gerásimos*

gestellt. Von großem Interesse ist die große silberne, verzierte **Urne,** in der die Gebeine des hl. Gerásimos mit den Grabgewändern verwahrt werden. Sie lagern in einem gläsernen Reliquienschrein in der Urne. Die Urne selbst gleicht einem **Larnax,** einem mit Ornamenten ausgeschmückten Sarg, und wird nur dann geöffnet, wenn eine große Anzahl von Pilgern zugegen ist. Während der Öffnung werden Gebete verlesen.

In der Kirche befindet sich der Zugang zu einer **unterirdischen Höhle,** in die sich der hl. Gerásimos einst zurückzog. Nach Aussagen von Einheimischen soll er sich dort vor reichen Bauern versteckt haben, nachdem er von ihnen Feldfrüchte stahl und diese an arme Insulaner verteilte. Damit er schnell den Eingang zu seinem Versteck fand (damals stand dort noch keine Kirche), pflanzte er drei Platanen, die heute noch stehen. Heute lässt sich die Höhle über eine drei Meter lange **Leiter** erreichen, die in die Tiefe führt. Der Eingang scheint sehr klein zu sein, jedoch passten bisher alle Gläubigen hindurch.

Erhalten sind ferner die **drei Brunnen** des Klosters sowie die **beiden Tennen,** die der hl. Gerásimos zum Zwecke der Versorgung errichtet hatte. In der Region hatte der Heilige übrigens 37 weitere kleine Brunnen angelegt, um der lokalen Bevölkerung einen Zugang zu Trinkwasser zu ermöglichen.

Die neue, große **Klosterkirche** besitzt ein bemerkenswertes Innenleben: Sie ist fast vollständig mit **Malereien im byzantinischen Stil** ausgeschmückt, vorwiegend in Gold. Riesige funkelnde Kronleuchter schmücken das Innere, ergänzt durch bunte Glasfenster und prächtige Ikonenbilder. Die Ausschmückung der Kirche soll allein 17 Jahre in Anspruch genommen haben, da alle Bilder per Hand aufgetragen wurden. Es fehlen nur noch wenige kleine Stellen, die noch nicht bemalt sind.

Über eine **Treppe** erreicht man das **obere Stockwerk** der Kirche. Von dort haben Gläubige einen idealen Überblick, insbesondere bei Zeremonien. Sowohl oben als auch im Erdgeschoss sind **Sitzmöglichkeiten** vorhanden, sodass eine kurze Pause möglich ist. Die **beste Besuchszeit** ist während der Woche morgens nach 7 Uhr. Am Sonntag ist die Kirche meist voll, da dann Gottesdienste abgehalten werden.

Jedes Jahr werden in dem Komplex mehrere große **Kirchenfeste** gefeiert, die von Tausenden von Pilgern begleitet werden: Am 16. August wird das **Fest des hl. Gerásimos** (s. S. 107) begangen, wobei des Todestages des Heiligen gedacht wird. Ein weiterer Festtag ist der 26. August, der offizielle Feiertag der Insel. Am 20. Oktober erinnert man an die Überführung der Reliquien, indem man diese den Gläubigen präsentiert. Und am Sonntag nach Ostern findet in der Kirche eine Heilige Messe statt.

- tgl. 4–13 und 15.30–21 Uhr (in der Wintersaison bis 18 Uhr), Eintritt frei (Spende erwünscht)
- **Anfahrt:** Es empfiehlt sich eine Anfahrt ab Argostóli mit dem Auto, da der Bus nur selten fährt. Der Weg zur Kirche ist gut ausgeschildert (ca. 15 km). Auch eine gebuchte Tour (z. B. mit La Rotta, s. S. 129) ist möglich oder ein Taxi.

Essen und Trinken

- **Mpotsolos** € <086> Epar. Od. Mousáton, Allee zwischen Kloster und Valsamáta, Tel. 2671086155, Mo–Fr 17–24 Uhr, Sa, So 12–24 Uhr. Ruhig und idyllisch im Grünen gelegene Taverne mit sehr lecke-

041ke-sm

ren griechischen Gerichten zu günstigen Preisen. Unbedingt empfehlenswert und kaum von Touristen frequentiert.

- › **Orealios Gaea** (s. S. 112), Weinkellerei
- › **Platanos** €-€€ <087> Epar.Od. Chaliotata – Vlachatas, Valsamata. Rund 300 m von der Taverne Mpotsolos entfernt gelegene traditionelle Taverne mit Sitzplätzen unter einem „grünen" Dach. Einfache Gerichte in idyllischer Atmosphäre.

26 Alt-Valsamáta ★★ [E8]

Παλιά Βαλσαμάτα

Wer nach **Paliá Valsamáta** kommt, sollte **festes Schuhwerk** tragen. Rund 500 m südöstlich des heutigen Valsamáta 27 finden sich die tragischen **Ruinen** des einstigen Dorfes, das vor dem **Erdbeben von 1953** sicherlich ein kleines Schmuckstück war. Heute lassen Mauerreste, verfallene Häuser, Relikte von Kirchen und von Gesteinsbrocken übersäte Wege nur erahnen, wie schön es hier früher ausgesehen haben mag.

Interessant ist ein **Rundgang** durch das alte Dorf, der so manches längst vergessene Detail offenbart. Alte, kunstvoll gestaltete Türen, gemauerte Backöfen und Bettgestelle, Brunnen für die Wasserversorgung und einzelne Kammern schmücken die Häuserreste, die sich die Natur zum Teil wieder zurückerobert hat. Aus den Fenstern ragen hier und da fuchsiafarbene Blüten, Kirchen stehen ohne Glockentürme und stille Plätze zeugen vom einst bunten Leben – all dies verleiht dem Ort seinen heutigen, typisch **morbiden Charme.** Nach dem Erdbeben beschlossen die Einwohner, das Dorf aufzugeben und ganz in der Nähe das heutige Valsamáta zu gründen.

- › **Anfahrt:** s. Kloster Ágios Gerasímos 25, am besten mit dem Auto. Unmittelbar nach Durchqueren von Valsamáta 27 teilt sich die Straße, man nimmt die linke Abzweigung, folgt der Route für rund 500 m und dann der Beschilderung „Paliá Valsamáta". Möglich ist auch eine Anfahrt per Bus bis Valsamáta, dann geht man den letzten Kilometer zu Fuß. Alternativ per Taxi erreichbar.

27 Valsamáta ★ [E8]

Βαλσαμάτα

An sich ist Valsamáta nicht sehr aufregend. Einige Straßen durchziehen das an einem Hang in rund 400 m Höhe liegende Örtchen nordwestlich des Inselbergs Aínos 12. **Neue Villen** mit schön angelegten Gärten, dazwi-

⌃ Ein Opfer des Erdbebens von 1953: Alt-Valsamáta

schen vor dem Erdbeben von 1953 errichtete, inzwischen **verlassene Häuser** und eine Handvoll **Kirchen** prägen das Antlitz von Valsamáta.

Umringt wird das 800-Einwohner-Dörfchen von ausgedehnten Feldern und Olivenhainen. Die Mehrzahl der Bewohner ist in der Viehzucht und der Landwirtschaft tätig. Rund um das Dorf wird die bekannte Traubensorte **Robóla** (s. S. 108) angebaut. Jährlich im August finden hier im Ort die beiden **Robóla-Festivals** (s. Weinfeste auf S. 106) der Insel statt.

› **Anfahrt:** s. Kloster Ágios Gerasímos 25. Dort geht links ein Weg nach Valsamáta ab, ca. 700 m weiter ist der Ort erreicht. Alternativ Anfahrt mit dem Bus, der im Ort hält, oder per Taxi.

28 Drogaráti-Höhle ★★★ [F7]

Σπήλαιο Δρογκαράτη

Etwa 3,5 km südlich von Sámi 30, in der Nähe des Ortes Chaliotáta, liegt die eindrucksvolle, **150 Mio. Jahre alte Höhle,** die erst seit 1963 für Besucher zugänglich ist. Sie befindet sich in 120 m Höhe und ist herrliche 18 °C kühl.

Vor ca. 300 Jahren stürzte die Decke der Höhle teilweise ein, weshalb eine **Doline** entstand, eine Art Trichter. Hier befindet sich der heutige **Höhleneingang** in 95 m Tiefe. Zahlreiche **Stufen** führen hinab, dann betreten die Besucher das imposante Naturdenkmal. Die 20 m hohe, 65 m mal 45 m große Höhle besitzt zwei Räume. Zuerst betritt man eine **Plattform,** von der sich die gesamte Höhle von oben herab betrachten lässt. Danach unternimmt man einen **Rundgang** durch die Höhle, wobei sich Tausende **Stalagmiten und Stalaktiten** in unterschiedlichen Farbtönen, Größen und Formen aus nächster Nähe bestaunen lassen. Aufgrund ihrer einzigartigen Akustik finden auch gelegentlich **Konzerte** in der Höhle statt.

› Tel. 2674023302, tgl. 9.30–15 Uhr, Eintritt: 5 €, Kinder 3 €, Kombiticket mit Melissáni-Höhle 35 10 €

› **Anfahrt:** mit dem Auto von Argostóli in Richtung Sámi fahren, ca. 3,5 km vor Sámi ist die Höhle ausgeschildert.

Unzählige Stalagmiten und Stalaktiten zieren die Drogaráti-Höhle

042ke-sm

㉙ Schifffahrtsmuseum Nautikó Musío Sámis ★★ [F6]

Ναυτικό Μουσείο Σάμης

In der Peripherie von Sámi ㉚, nicht weit entfernt von der Drogaráti-Höhle ㉘, befindet sich das äußerst interessante Schifffahrtsmuseum, das vor allem für **Liebhaber von Schiffsmodellen** ein Highlight sein wird. Sotíris Markétos, der Gründer des Museums, wurde in Sámi geboren und begann bereits als Kind, Bootsmodelle zu bauen. Das Meer und der Schiffsbau übten auf ihn eine große Faszination aus. Um seine selbst konstruierten Schiffsmodelle der Öffentlichkeit zugänglich zu machen, entschloss er sich schließlich, ein Museum zu gründen. Die Modelle reichen von der berühmten Titanic bis hin zu Segelschiffen von 1,20 m bis 4 m Länge. Besucher begeben sich auf eine **Reise durch 3500 Jahre Schifffahrtsgeschichte** und können dabei die unterschiedlichsten Schiffstypen entdecken. Ein Besuch, der Groß und Klein faszinieren wird!

› an der Hauptstraße Argostóli – Sámi, Tel. 6978778531, https://nmsamis.gr, Mai–Okt. tgl. 10–14 Uhr, nach tel. Vereinbarung auch 17–19 Uhr, Eintritt: 4 €, Kinder 6–12 Jahre 2 €, Kinder unter 6 Jahren Eintritt frei

› **Anfahrt:** mit dem Auto von Argostóli in Richtung Sámi, man wählt aber nicht die Abfahrt zur Drogaráti-Höhle, sondern fährt noch rund 1,2 km auf der Hauptstraße weiter. Das Museum befindet sich ca. 1,5 km vor Sámi. Mit dem Bus (Fahrziel Sámi, ca. 1 Std.) fährt man bis zur Haltestelle Sámi-Plátanos und geht dann 400 m zurück. Alternativ per Taxi.

㉚ Sámi ★★★ [F6]

Σάμη

Mit nur rund 1000 Einwohnern zählt Sámi zu den **kleineren Städtchen** auf Kefaloniá. Trotz seiner geringen Größe hat der Küstenort den **größten Hafen** vorzuweisen. Sámi liegt an der **Ostküste** der Insel in einer bildschönen, weitläufigen Bucht, umgeben von grünen Hügeln, fast gegenüber der im Westen gelegenen Hauptstadt Argostóli. Vom Hafen aus blickt man auf die **Nachbarinsel Ithaka (Itháki)**. Im Laufe der Jahre hat sich Sámi zum **touristischen Zentrum** gemausert.

Diese Statue mit einem Zitat des griechischen Seemanns und Dichters Níkos Kavvadías (s. S. 75) steht am Hafen von Sámi

Archäologische Funde bezeugen, dass Sámi bereits in frühhelladischer Epoche (frühe Bronzezeit) besiedelt war und in klassischer (um 500–359 v. Chr.) sowie hellenistischer Zeit (um 323–27 v. Chr.) zu den vier antiken Stadtstaaten Kefaloniás zählte, der **Tetrapolis („Vierstadt").** Das antike Sámi – auch bekannt als **Samé** – war autonom und prägte sogar eigene Münzen. Auf einem Hügel östlich der Stadt wurde damals die **Akrópolis** 32 errichtet. Von der antiken Stadt, die an römische Foren erinnert, lassen sich heute noch die großen Plätze und Tempelreste bewundern. Die Befestigungsanlagen der Stadt sind zum Teil noch erhalten und gewähren einen Einblick in die Epoche der Tetrapolis.

Im Jahr 188 v. Chr. wurde Sámi nach einer längeren Belagerung von den **Römern** eingenommen, die ganz Kefaloniá eroberten. Unter der Herrschaft Roms blühte die Stadt auf: Der Hafen wurde befestigt und im gesamten Ort wurden öffentliche Gebäude und Versorgungseinrichtungen geschaffen. Luxuriöse Villen mit farbenfrohen Mosaiken und schmucke Bäder entstanden. Im 6. Jh. n. Chr. wurde die Stadt wegen Piratenüberfällen und Erdbeben verlassen. Sie verfiel langsam, bis sie schließlich im 18. Jh. als „Riva von Sámos" in Dokumenten wieder auftauchte. 2001 wurde in dem beschaulichen Örtchen der bekannte **Film „Corellis Mandoline"** (s. S. 66) gedreht.

Für Besucher ist sicherlich der **Hafen** interessant – und das nicht nur wegen der **Fährverbindung nach Itháki.** Bunte Fischerboote und Jachten schaukeln auf den Wellen, ab und zu dockt eine der größeren Fähren an. Direkt am Meer locken zahlreiche **Tavernen.** Wer ein hübsches Mitbringsel für seine Lieben zu Hause sucht, der wird in einem der **Souvenirläden** fündig, die ihr Domizil in den farbenfroh bemalten Häusern an der Küste haben.

Die **Kirche der Himmelfahrt der Jungfrau Maria** (Ierós Naós Kimíseos tis Theotóku, zwischen 11 und 15 Uhr geschlossen) steht in Küstennähe und ist im Inneren vollständig mit wunderschönen Ikonen ausgemalt. Bunte Glasfenster, imposante Kronleuchter, braune Holzstühle und eine mit Intarsien versehene Ikonostase schmücken die dreischiffige Kirche, die man unbedingt besichtigen sollte. Unmittelbar neben der Kirche liegt ein kleiner **Park,** der eine hübsche Bodendekoration in Form eines großen Mosaiks aufweist. Gegenüber der **Post** nebenan befinden sich zwei **Supermärkte.**

Sámi schmiegt sich in eine Bucht

043ke-sm

Westlich vom Ortskern erstreckt sich an der Küste der **Karavómylos-See**, idyllisch gelegen und umgeben von Bäumen und Blumen.

- **Anfahrt:** von Argostóli mit dem Auto die Hauptstraße in Richtung Sámi nehmen (ca. 26 km), alternativ per Bus ab Argostóli (ca. 1 Std.) oder mit dem Taxi

Infos und Reisetipps

- **Geldautomat:** am Hafen
- **Tankstellen:** entlang der Hauptstraße in Richtung Melissáni-Höhle 35 und kurz vor dem Hafen

Strände

- **Karavómylos (Ortsstrand)** <088> zwischen Sámi und Karavómylos gelegener, langer Strand mit Sand und Kies, wenngleich ohne Traumstrandflair. Zum Teil mit Infrastruktur, Beachbar vorhanden. Ideal für eine kurze Abkühlung.
- **Koutsoupiá** <089> ca. 14 km südlich von Sámi und 20 km nördlich von Póros gelegener, kleiner Bilderbuchstrand mit türkisblauem Meer. Weiße Kiesel und üppiges Grün verleihen ihm Karibik-Feeling. Keine Infrastruktur oder Verpflegungsmöglichkeiten. Mit dem Boot erreichbar, auch auf dem Landweg möglich (2 km Fußmarsch), aber nicht zu empfehlen, da es durch sehr unwegsames Gelände geht.

Unterkünfte

- **Athina Hotel** €€-€€€ <090> Karavómylos, https://athinahotel.gr, Tel. 2674022779. Fast direkt am Meer und südlich des Karavómylos-Sees gelegenes Dreisternehotel mit hellen, zweckmäßig gestalteten Zimmern. Apartments mit Küchenzeile, Doppel- und Dreibettzimmer verfügbar. Mit Tennis- und Volleyballplatz, Pool, Flughafen-Abholdienst und Mietwagen-Service. Behindertengerechter Zugang.
- **Camping Karavomilos Beach** € <091> an der Küste zwischen Sámi und Karavómylos, https://camping-karavomilos.gr/en, Tel. 2674022480. Hübscher und gepflegter Campingplatz unmittelbar am Meer mit Pool und Zugang zum Ortsstrand. Saubere Sanitäranlagen, Kochmöglichkeit, mit Restaurant-Cafeteria, Minimarkt und Kinderspielplatz.
- **Sami Beach Hotel** €€€ <092> an der Küste zwischen Sámi und Karavómylos, www.samibeachhotel.gr, Tel. 2674022802. Direkt am Meer gelegenes Dreisternehaus mit Pool und großer Grünanlage. Einfache, aber saubere Zimmer mit Balkon. Zur Wahl steht auch ein kleines Gartenhäuschen ähnlich einem Bungalow. Das Hotel bietet Yoga im Außenbereich in Strandnähe, Tischtennis, Tennis und Kajakfahrten an.

Essen und Trinken

- **Il Familia** €€ <093> Aktí Miaoúli, auf Facebook, Tel. 2674023317, tgl. 9–23 Uhr. Gepflegte Taverne direkt am Meer neben dem Fährterminal mit traditionellen griechischen und internationalen Speisen. Der Fokus liegt auf Fisch und Meeresfrüchten.

045ke-sm

In Sámi finden sich viele Tavernen direkt am Meer

› **Zerváti** €-€€ <094> Karavómylos, Tel. 2674023082, tgl. 18–24 Uhr. Traditionelle Taverne nahe den Höhlenseen von Zerváti mit köstlicher Hausmannskost von Dolmadákia (gefüllte Weinblätter) bis hin zum Kalbseintopf. Sehr zu empfehlen.

Einkaufen

› **Keramika** <095> Karavómylos, an der Hauptstraße in Richtung Melissáni-Höhle gelegen, Sa–Do 9–21.30 Uhr. Keramikgeschäft mit einer Vielzahl verschiedener Vasen und Töpfe. Hineinschauen lohnt sich!

› **Souvenirläden:** am Hafen sowie vor den Höhlen Melissáni 35 und Drogaráti 28

› **Supermärkte:** Entlang der Hauptstraße sind gleich mehrere Märkte verfügbar.

31 Kloster Ágioi Fanéntes ★ [F6]

Μονή Αγίων Φανέντων

Das aus dem 13. Jh. stammende Kloster erhebt sich südöstlich von Sámi 30 auf einem **Hügel** in ca. 250 m Höhe, der in der Antike **Kyátis** genannt wurde. Hier befinden sich zudem die Überbleibsel der Akrópolis des antiken Sámi 32.

Ein Teil der **Stadtmauer** ist mit dem Klosterkomplex verbunden, der den Heiligen Theodore, Gregor und Leo gewidmet ist. Die drei hatten als Soldaten gedient, die Armee jedoch später verlassen. Danach lebten sie in den Sámi umgebenden Bergen. In einer Höhle fanden Einheimische später die sterblichen Überreste der drei Heiligen, die während der venezianischen Herrschaft nach Venedig gebracht und 2009 an Kefaloniá zurückgegeben wurden. Ihnen zu Ehren wird an **Allerheiligen** im Kloster ein **großes Fest** gefeiert.

Heute sind nur noch Ruinen der Zellen und anderer Nebenräume des Klosters erhalten sowie das 1633 errichtete **Katholikon** vom Typ einer ionischen Basilika. Für den Bau des Katholikons und die Restaurierung des Klosters im 17. Jh. soll Baumaterial aus den Ruinen der alten Zitadelle der antiken Akrópolis herangeschafft worden sein. Seit dem Erdbeben von 1953 ist das Kloster verlassen.

Neben dem Klostergebäude steht eine kleine **Kapelle**, die dem hl. Nikólaos gewidmet ist. Darin befindet sich die Kopie der **Ikone der hl. Fanéntes**. Das Original wird in der Kirche der Himmelfahrt der Jungfrau Maria in Sámi aufbewahrt.

Ein schöner, jedoch recht anstrengender ausgeschilderter **Wanderweg** mit attraktiven Aussichtspunkten führt von Sámi an der antiken Akrópolis vorbei hinauf zum Kloster Ágioi Fanéntes und von dort weiter zum Kloster der Heiligen Jungfrau von Agrilíon 33 (s. Wanderung 5 auf S. 102).

› **Anfahrt:** Mit dem Auto von Sámi in Richtung Andísamos Beach 34, dann folgt man der Beschilderung „Acropolis of Ancient Same" rechts den Berghang hoch. Man fährt an der Akrópolis vorbei weitere 1 km bis zum Kloster (Parken am Straßenrand). Keine Busverbindung. Alternativ per Taxi.

32 Akrópolis des antiken Sámi ★ [F6]

Ακρόπολη Αρχαίας Σάμης

Die **Ruinen** der Akrópolis des antiken Sámi stehen oberhalb des Hafens. Ein befahrbarer Weg mit schöner Fernsicht führt fast bis hinauf, das letzte Stück von etwa 300 m muss man allerdings zu Fuß erklimmen. Leider ist heute nicht mehr allzu viel von der antiken Stadt zu sehen, doch schon wegen des **Ausblicks** lohnt sich der Gang hier hinauf.

Die beiden **Zitadellen** und die antike Stadt befanden sich auf den zwei Hügeln Paleókastro und Ágoi Fanéntes, die südöstlich des heutigen Sámi (30) liegen. Die Festungsanlage bestand zudem aus einem **Turm** und **fünf Toren**, die den Zugang zum Inneren der Festung markierten. Die antike Akrópolis war eine blühende und gut organisierte Stadt, errichtet aus großen Steinblöcken nach einem festgelegten Stadtplan, die sogar ihre eigenen **Silber- und Bronzemünzen** prägte. Darauf waren das Monogramm der Stadt und religiöse, landwirtschaftliche sowie handwerkliche Motive abgebildet.

Im 2. Jh. v. Chr. zeigten die **Römer** strategisches Interesse an Sámi und belagerten es im Jahr 189 v. Chr. vier Monate lang. Im Januar 188 v. Chr. kapitulierte die Stadt. Die Römer nahmen sie ein, verlegten den Hafen nach Loútra und gestalten Sámi um. Die antike Akrópolis verfiel von da an zusehends. Heute befinden nur noch wenige **Mauerreste**, Überbleibsel von Treppen und zahlreiche Steine zwischen mediterraner Macchia.

› **Anfahrt:** Mit dem Auto von Sámi in Richtung Andísamos Beach (34), dann folgt man der Beschilderung „Acropolis of Ancient Same" rechts den Berghang hoch (Parken am Straßenrand). Die letzten 300 m geht es zu Fuß bergauf. Keine Busverbindung. Alternativ per Taxi.

(33) Kloster der Heiligen Jungfrau von Agrilíon ★★ [F6]

Ιερά Μονή Υπεραγίας Θεοτόκου Αγριλίων

Hoch über den Hafen von Sámi (30) thront dieses ausgesprochen schmucke Exemplar einer **Klosterkirche** mit dem Namen **Ierá Moní Iperagías Theotóku Agrilíon.** Das Kloster wurde 1722 an jener Stelle gegründet, an der die aus der Gegend stammenden Hirten Gabriel und Simeon sowie ihre Magd Pelagía die wundertätige Ikone der Jungfrau Maria fanden. Daraufhin beschlossen die Hirten, Mönche zu werden und errichteten den Klosterkomplex. Er ist der Jungfrau Maria geweiht, alljährlich am 15. August wird hier das Himmelfahrtsfest gefeiert.

Außerhalb des Klosterkomplexes befindet sich zudem eine kleinere **Kapelle**, die zu Ehren von **Kosmas von Aitolien** (1714–1779) errichtet wurde, einem berühmten griechisch-orthodoxen Mönch und Apostelgleichen, der das Kloster im 18. Jh. besuchte. Die Kapelle hat den Grundriss eines griechischen Kreuzes und begeht ihr Weihfest am 24. August, dem Tag, an dem Kosmas von Aitolien hingerichtet wurde. Ein Blick ins Innere der Kapelle lohnt sich, denn diese ist farbenfroh mit **Ikonenbildern** bemalt – leider ist sie aber ungeachtet der angeschlagenen Öffnungszeiten nicht regelmäßig geöffnet. Der alte, halb verfallene **Glockenturm** neben der Kapelle ist von beeindruckender Statur. Die Glocken

046ke-sm

Die farbenfrohe Klosterkirche der Heiligen Jungfrau von Agrilíon

Der echte Kapitän Corelli

Hinter dem Film **„Corellis Mandoline"** (Originaltitel: „Captain Corelli's Mandolin") von 2001 steckt eine echte Liebesgeschichte, die jedoch mit dem Film kaum etwas gemeinsam hat.

Kapitän Corelli hieß in Wirklichkeit Amos Pampaloni. Er wurde 1910 in Florenz geboren und kam im April 1943 als Offizier der Division „Acqui" nach Kefaloniá. Zu jener Zeit sprachen die älteren Einheimischen untereinander Venezianisch, ein Überbleibsel der venezianischen Herrschaft. Italienisch wurde von fast allen Einwohnern verstanden. Schnell lebte sich Pampaloni ein und schloss Freundschaft mit einer jungen Frau namens Maria, die hier studierte, um Lehrerin zu werden. Anders als im Film spielte Pampaloni keine Mandoline, hatte keine sexuelle Beziehung zu Maria und wohnte auch nicht bei ihr.

Am 12. September griff die deutsche „Division Edelweiß" den Ort Lixoúri 45 an, am 21. September wurde Pampaloni von einer Gewehrkugel getroffen, als die Wehrmacht begann, die italienischen Soldaten hinzurichten. Schwer verwundet konnte er sich nachts in das Bergdorf Farakláta retten. Er bat die alten Dorfbewohner um Unterschlupf, legte seine Uniform ab und zog Zivilkleidung an. Am 22. September wollte ihn eine alte Frau ins Krankenhaus bringen, doch Maria war dagegen. Sie empfand es als zu gefährlich und sollte recht behalten. Am Morgen des 23. September drangen deutsche Soldaten in das Krankenhaus ein, nahmen die verwundeten Offiziere mit und erschossen sie. Die Ereignisse gingen als „Massaker von Kefaloniá" in die Geschichtsbücher ein. Als Pampaloni genesen war, schloss er sich der ELAS (Griechische Volksbefreiungsarmee) an und kämpfte 14 Monate lang in den Bergen von Epirus.

Im Alter von 90 Jahren kehrte er gemeinsam mit italienischen Staatsbeamten nach Kefaloniá zurück, um der Italienern und Griechen zu gedenken, die im September 1943 von den Deutschen ermordet wurden. Gemäß griechischen und italienischen Quellen wurden über 9500 italienische Soldaten getötet. Pampaloni starb 2006 in Florenz.

Ein langer, einsamer Weg führt zum einstigen Wohnhaus der Maria, im Film Pelagía genannt

048ke-sm

047ke-sm

hängen heute in Bodennähe nahe einem Baum und sind an ein Gerüst gebunden. Sehr spektakulär ist die **Aussicht** auf die Bucht von Sámi, Andísamos Beach 34 und das Meer.

› **Anfahrt:** Mit dem Auto von Sámi in Richtung Andísamos, dann folgt man der Beschilderung „Acropolis of Ancient Same" rechts den Berghang hoch. Dem Straßenverlauf ca. 400 m folgen, beim Schild zur Akrópolis nicht geradeaus weiter, sondern links den Berg hinauffahren. Keine Busverbindung. Alternativ per Taxi.

34 Andísamos Beach ★★ [G6]

Παραλία Αντίσαμος

Andísamos, auch Antísamos, ist neben Mírtos Beach 44 einer der **bekanntesten Strände Kefaloniás.** Er schmiegt sich südlich von Sámi 30 an der Ostküste idyllisch in eine **Bucht,** die von **grünen Hügeln** umgeben ist.

Bekannt geworden ist er insbesondere durch den **Film „Corellis Mandoline"** (s. S. 66), in dem er die Kulisse für Szenen bildete, die die Auseinandersetzungen zwischen deutschen und italienischen Besatzungstruppen thematisierten. Heute ist er eine beliebte Hochzeitslocation.

Bevor es zum Strand hinuntergeht, lädt eine **Aussichtsplattform** zu schönen Fotoaufnahmen ein, diese ist auch Teil von **Wanderung 5** (s. S. 102). Kurz vor dem Strand befindet sich eine Bushaltestelle. Der breite Strand besteht aus **grobem Kies** und ist mit **Liegestühlen und Sonnenschirmen** ausgestattet. Für das leibliche Wohl sorgen mehrere **Strandbars.** Auch Infotafeln und Parkplätze befinden sich direkt am Strand. Das Wasser ist schnell tief abfallend, glasklar und in der Regel herrlich blau, weshalb sich der Strand bestens zum **Schnorcheln** eignet. Dabei können die zahlreichen Fischschwärme genauer unter die Lupe genommen werden. In der Hochsaison sind häufig alle Sonnenliegen in Beschlag genommen, weshalb eine frühe Anfahrt in den Morgenstunden zu empfehlen ist. Das direkte Liegen mit dem Handtuch auf den teilweise recht großen Kieselsteinen ist nichts für Menschen, die es gerne weich mögen.

Grundsätzlich lässt sich sagen, dass Andísamos in der **Hochsaison** nichts für Ruhe suchende Badegäste ist. Die Naturgeräusche werden oft durch den Trubel vor Ort übertönt.

› **Anfahrt:** mit dem Auto von Sámi in Richtung Nordosten fahren. Mit dem Bus ab Sámi ca. 10 Min. (Haltestelle fast am Strand). Alternativ per Taxi.

Von der Aussichtsplattform blickt man auf Andísamos Beach

050ke-sm

35 Melissáni-Höhle ★★★ [F6]

Λιμνοσπήλαιο Μελισσάνης

Eine Tropfsteinhöhle mit einem wundersamen Höhlensee, über den man mit kleinen Bötchen schippern kann – hier glaubt man sich in einer Märchenwelt.

Die **Tropfsteinhöhle** befindet sich in dem Örtchen **Karavómylos,** etwa 2 km nordwestlich von Sámi 30. Mit einer Gesamtlänge von 160 m, einer Breite von 45 m und einer Tiefe von 36 m bietet sie im Zusammenspiel mit dem Höhlenwasser einen beeindruckenden Anblick.

Ein bergab führender, langer **unterirdischer Gang** führt zu der kühlen Höhle. Dort warten bereits kleine **Fischerboote,** die die Besucher für

An manchen Stellen in der Melissáni-Höhle wird es eng

MEIN TIPP

Die versteckten Höhlenseen von Zerváti

Sehr versteckt inmitten von **Karavómylos** [F6] liegen zwei kleine, unberührte Höhlenseen malerisch in die Natur eingebettet.

Der Weg dorthin ist **nicht ausgeschildert.** Um zu den Seen zu gelangen, fährt man zunächst mit dem Auto von Sámi 30 auf der Hauptstraße in Richtung Karavómylos. Am **Ortseingangsschild** steht links ein **Bushäuschen.** Dort biegt man in die Straße links ein und folgt dieser bis zur ersten Kreuzung. Dann biegt man abermals links ab und **parkt sein Fahrzeug** unter den Bäumen. Links sind Bänke zu sehen, rechts unwegsame Natur, ein alter Zaun und weitere Bäume. Man wählt den Weg bis zum Zaun, in dem (nahe der Straße) eine Öffnung sichtbar ist. Erkennbar ist eine kleine Piste, die nach unten führt. Diese geht man vorsichtig hinab. Der Weg ist nicht lang und der Abstieg dauert rund fünf Minuten. Die Seen befinden sich unterhalb des Felsens in einer Art Höhle, der Besucher steht jedoch außerhalb dieser. Vorsicht ist wegen der **Rutschgefahr** und eventuell anwesender **Schlangen** geboten. Daher sollte man auf **festes Schuhwerk** achten.

Unten angekommen, liegt links der **erste Höhlensee.** Um zum **zweiten See** zu gelangen, muss man der kleinen Piste, die vom See ins Gebüsch wegführt, bergauf folgen. Ein paar Schritte durch die Natur und schon ist der zweite See erreicht. Es ist ein wirklich reizender Ort, sehr ursprünglich und verträumt, aber auch von Tausenden von Stechmücken bevölkert. Wer empfindlich ist, sollte vor dem Abstieg **Mückenschutz** auftragen.

› **Höhlenseen von Zerváti** <096>

rund zehn Minuten über den kleinen Höhlensee manövrieren. Das Höhlendach ist zum Teil eingestürzt, sodass Sonnenstrahlen eindringen können. Wenn sich die Sonne gegen Mittag unmittelbar über der Höhle befindet, lässt sich ein außergewöhnliches **Naturschauspiel** beobachten: Durch die Lichteinstrahlung und den blauen Untergrund der Boote scheinen die Boote im herrlich türkis leuchtenden Wasser zu schweben. Da dies bekannt ist, finden sich in der Hauptsaison um die Mittagszeit besonders viele Besucher ein, weshalb sich dann längere Warteschlangen bilden können.

Die Höhle war vor dem Einsturz des Daches vollständig mit **Stalagmiten und Stalaktiten** bedeckt, heute lassen sich diese insbesondere im noch überdachten Teil des Sees bewundern. Das Wasser, das sich im See befindet, wird durch das **unterirdische Karstsystem** von den **Katavothren** 6 in Argostóli zur Höhle geleitet. Ein Teil verdunstet hier, sodass der Höhlensee die Höhle niemals komplett ausfüllen kann.

Die **Bezeichnung** „Melissáni" geht Einheimischen zufolge auf ein Mädchen zurück, das beim Ziegenhüten in die Höhle gefallen sein soll. Im Gedenken an die kleine Melissáni wurde die Höhle nach ihr benannt. Wissenschaftler fanden in der Karsthöhle Tafeln und Platten aus dem 3. Jh. v. Chr., die mit Nymphen dekoriert waren und die auf eine Verehrung des **Hirtengottes Pan** hinweisen.

› tgl. 9.30–15 Uhr, Eintritt: Erw. 8 €, Kinder 4 €, Kombiticket mit Drogaráti-Höhle 28 10 €

› **Anfahrt:** Mit dem Auto von Argostóli auf der Hauptstraße nach Sámi, jedoch nicht ins Zentrum fahren, sondern links in Richtung Fiskárdo 38 abbiegen und der Straße bis zur Höhle folgen (ausgeschildert, ab Abzweig ca. 2,6 km). Eine Busverbindung (Fahrziel Divaráta) besteht ab Sámi-Busbahnhof bis zum Hauptplatz von Karavómylos. Von dort sind es noch ca. 600 m zu Fuß. Aus Argostóli kommend, muss man in Sámi umsteigen. Alternativ nimmt man ein Taxi.

› **Sonstiges:** Parkplätze sind verfügbar, ebenso ein größerer Souvenirshop und eine kleine Café-Bar. Trinkgeld für die Bootsfahrer wird erwartet, daher sollte man Kleingeld dabeihaben. Auf rutschfeste Schuhe achten, da der Untergrund teils glitschig ist.

Das einfallende Licht lässt den Höhlensee von Melissáni türkis leuchten

049ke-sm

36 Geisterdorf Alt-Vlacháta ★ [E6]

Παλιά Βλαχάτα

Das verlassene Dorf bezaubert mit seinen Ruinen, die von dem tragischen Erdbeben von 1953 erzählen.

Paliá Vlacháta ist eingebettet in ein zwischen zwei Bergrücken liegendes Tal, umgeben von herrlicher Natur und umrahmt von Olivenbäumen. Vor dem **Erdbeben** mit einer Stärke von 7,2 auf der Richterskala war es ein wunderschönes Dorf. Innerhalb von Sekunden wurde das Kleinod am 12. August 1953 in Schutt und Asche gelegt. Das Ausmaß der Katastrophe ist bis heute sichtbar.

Die vorhandenen Bauten, darunter die **Grund- und die Pfarrschule** sowie die **Zisterne**, sind Zeitzeugen für die Kultur und Architektur der Zeit vor dem Unglück. Die schöne, relativ gut erhaltene einschiffige **Dorfkirche des hl. Johannes des Täufers** (Eklisía tou Ag. Ioánnitou Pródromou) aus dem Jahr 1877 überrascht mit ihrem Fresko und barocken Elementen. Teile des Fußbodens und des fränkischen Glockenturms sind noch vorhanden, ebenso wie der dahinterliegende Dorffriedhof. Der Nordteil der Kirche ist **vom Einsturz bedroht**, weshalb diese nur unter größter Vorsicht, besser jedoch gar nicht begangen werden sollte. Dies gilt auch für den Rest der Gebäude.

Ein **unbefestigter Weg** führt an den meisten Häusern vorbei, sodass sich diese zumindest gut von außen besichtigen lassen. Sträucher, Büsche und Bäume haben sich zwischen den Ruinen der Bauten angesiedelt – gewissermaßen „umarmt" die Natur das verlassene Dorf. Man findet sogar aromatische Kräuter wie Orega-

Auswirkungen der Erdbeben auf Kefaloniá

Der Mittelmeerraum ist durch eine erhöhte Labilität der Erdkruste gekennzeichnet, die sich insbesondere durch Erdbeben äußert. Gemäß wissenschaftlichen Untersuchungen verläuft eine seismische Hauptachse durch Kefaloniá. Die entstandenen Faltungen der Erdoberfläche stehen unter Spannung, die Gebirgsbildung ist dabei noch recht jung. Es vergeht kaum ein Monat, in dem keine seismische Aktivität gemessen wird. Die Bewohner der Ionischen Inseln sind schwache Erdbeben gewöhnt. Jedoch kam es in der Geschichte immer wieder zu katastrophalen Erdbeben, bei denen Menschen starben und ganze Inselbereiche verwüstet wurden, etwa in den Jahren 1636, 1658, 1714, 1767, 1867 und 1953.

Besonders verheerend war das Erdbeben, das sich zwischen dem 9. und 12. August 1953 ereignete und neben Kefaloniá auch die Nachbarinseln Itháki und Zákynthos betraf. Dabei wurden laut dem griechischen Seismologen Galanópolous von den auf den drei Eilanden erbauten 33.300 Häusern 27.659 vollständig zerstört. Nur 467 Häuser blieben erhalten, der Rest wurde beschädigt. Es wurden 455 Tote, 912 Schwerverletzte, 1500 Leichtverletzte und 21 Vermisste registriert.

Geologen und Seismologen fanden heraus, dass Kefaloniá infolge des Bebens angehoben und gekippt worden war. Argostóli wurde um 0,3 m und der Süden der Insel um 0,8 m bis 1 m angehoben. Auf dem gesamten Eiland sind

no und Thymian. Ein wenig **Vorsicht** ist beim Rundgang geboten, denn mitunter begegnet man auch der einen oder anderen **Schlange** bei ihrem Sonnenbad.

Einmal im Jahr erwacht Alt-Vlacháta während des Musikfestivals **Saristra** (s. S. 106), das gewöhnlich an mehreren Tagen im August stattfindet, zu neuem Leben.

› **Anfahrt:** Am einfachsten erreicht man das Dorf mit dem Auto. Man fährt in Richtung Sámi 30, dann nach Karavómylos und folgt direkt am Ortseingang links der Beschilderung nach Paliá Vlacháta (ca. 3 km). Keine Busverbindung. Alternativ bietet sich die Anreise per Taxi an.

051ke-sm

Eine der Ruinen des Geisterdorfs Alt-Vlacháta

Küsten abgebrochen und Berge teilweise eingestürzt. Quellen versiegten und die Meerwassermühlen 6 in Argostóli fielen seitdem trocken.

Daneben hatte das Beben von 1953 auch gravierende wirtschaftliche und soziale Folgen. Aufgrund der geomorphologischen Veränderungen wurden einige Dörfer wie etwa Alt-Valsamáta 26 und Alt-Vlacháta 36 nach 1953 nicht wieder aufgebaut. Der Wein- bzw. Korinthenanbau in Terrassenform, der seit der venezianischen Zeit auf vielen Berghängen betrieben wurde, wurde verdrängt – stattdessen wurden die Anbauflächen zunehmend mit Ziegen beweidet. Dadurch nahm jedoch auch die Erosion zu, was die Fruchtbarkeit der Böden minimierte und die Landwirtschaft einschränkte. Die Bauern wanderten in tiefere Lagen ab oder gaben ihren Beruf ganz auf.

37 Agía Effimía ★★ [E5]

Αγία Ευφημία

Direkt an der **Ostküste**, an der Hauptstraße zwischen Sámi 30 und dem berühmten Mírtos Beach 44, liegt Agía Effimía (auch Efimía), ein malerisches Küstendorf, das sich bei Reisenden wachsender Beliebtheit erfreut.

Am **Hafen** sind **Tavernen und Cafés** aneinandergereiht, die zur Einkehr einladen. Die **Aussicht** auf das kristallklare Meer und die im Rhythmus der Wellen hin und her schaukelnden Boote vermitteln Urlaubsstimmung pur. Im Hintergrund erkennt man die **Insel Ithaka (Itháki).** Rund um den Ort erheben sich Hügel und Berge, die einen reizvollen Kontrast zum Meer bilden. Insbesondere am Abend, wenn die Fischerboote beleuchtet sind, ist Agía Effimía ein Augenschmaus.

052ke-sm

Verstreut im Dorf gibt es **Geschäfte** für den täglichen Bedarf, aber auch so manches Souvenirlädchen. Ab und zu finden kulturelle Veranstaltungen statt: Am 11. Juli feiert die im südlichen Ortsteil befindliche **Dorfkirche** namens Ierós Naós Agías Effimías ihr Weihfest mit einer **Prozession,** bei der die Ikone getragen wird. In der Nähe der Kirche erstreckt sich der schmale **Kiesstrand** des Dorfes. Im nördlichen Teil der Siedlung befinden sich die Reste einer **antiken römischen Villa** mit einem schön erhaltenen Mosaik. Die Ruinen sind von der Straße aus frei einsehbar. In diesem Ortsbereich liegen ebenfalls einige Strandabschnitte, die jedoch einen eher felsigen Charakter haben.

Agía Effimía ist ein wichtiger **Straßen- und Küstenknotenpunkt.** Vom Hafen aus tuckern Fähren und Boote zur Nachbarinsel Ithaka (Itháki), während Fahrzeuge das Küstenörtchen durchqueren, wenn sie von Sámi nach Ásos (42) reisen. Die Haupteinnahmequelle des Küstenkleinods ist der Tourismus, aber auch Viehzucht und die Produktion des **Pilariní-Käses,** einer Art Feta, spielen eine Rolle.

Südwestlich von Agía Effimía thront das aus dem 11. Jh. stammende **Kloster Panagía Thémata** auf dem Berg Dýnati. Es verfügt über eine außergewöhnlich große, aus Holz geschnitzte Ikonostase mit etlichen alten Ikonenbildern.

› **Anfahrt:** Mit dem Auto sind es von Argostóli aus ca. 30 km auf der Epar. Od. Farakláton – Agías Effimías. Alternativ ist der Ort per Bus (Fahrtrichtung Divaráta, ca. 1 Std. ab Argostóli) oder mit dem Taxi erreichbar.

Infos und Reisetipps

› **Geldautomat, Supermarkt und Post:** am Hafen

Strände

› **Lithovátis (Ortsstrand)** <097> nördlich des Hafens zu findender, kleiner Kiesstrand direkt unterhalb der Straße, eher ruhig. Keine Infrastruktur.

› **Kapsolimiónas** <098> 6 km nördlich von Agía Effimía gelegene Traumbucht mit kleinem Kiesstrand und üppig grüner Vegetation. Nur mit dem Boot in ca. 10 Min. von Agía Effimía aus erreichbar (Touranbieter am Hafen). Kaum frequentiert, daher gibt es eine lebendige Unterwasserwelt. Ideal zum Schnorcheln.

Unterkunft

› **Olive Bay Hotel** €€ <099> nordöstlich von Bucht und Ortskern, www.olivebay.gr, Tel. 6976730760. Wenige Schritte vom Meer entferntes, gepflegtes Zweisternehotel mit hellen, behaglichen Zimmern. Zur Wahl stehen Apartments, Studios und Doppelzimmer mit Meerblick. Tavernen, Strand und Einkaufsmöglichkeiten fußläufig in der Nähe. Tolle Aussicht.

Essen und Trinken

› **megiavouno** € <100> Epar. Od. Agías Effimías – Ásou, Tel. 2674061116, tgl. 18–24 Uhr. Traditionelle, familiengeführte Taverne am Berghang etwas außerhalb des Ortes in Richtung Ásos. Die Gerichte sind ausgesprochen lecker und preisgünstig. Unbedingt zu empfehlen.

› **Pergola** €€ <101> Marínou Antípa, auf Facebook, Tel. 2674061691, tgl. 13–16 u. 18–3 Uhr. Klassische Taverne ein wenig abseits der Touristenströme im Ortsinneren ca. 25 m nordwestlich der römischen Villa. Leckere Hausmannskost mit gutem Preis-Leistungs-Verhältnis. Gern von Einheimischen besucht. Reservierung empfohlen.

Norden

Der Norden Kefaloniás ist überwiegend durch **Berge und Hügel** geprägt, welche die beliebten Ortschaften Fiskárdo 38 und Ásos 42 sowie den **unverwechselbaren Mírtos Beach** 44 voneinander trennen. Dazwischen schmiegen sich einige **verschlafene Dörfer** an die massiven Berghänge, die ihren ganz eigenen Charme versprühen. Der Norden Kefaloniás besticht vor allem mit seiner einmaligen Natur. Ein Meer aus Zypressen schafft, zusammen mit Olivenbäumen, eine einzigartige **mediterrane Atmosphäre**, die an die italienische Toskana erinnert. Das macht diese Region zu etwas Besonderem.

Die **Küsten** sind steil und rau und geben nicht selten **herrliche Buchten mit Traumstränden** frei. Diese sind häufig auf dem Landweg nicht oder nur schwer zugänglich. Einige Badebuchten wie der bereits erwähnte Strand von Mírtos und Dafnoúdi sowie Fóki (s. S. 78) im Norden lassen sich jedoch bequem zu Fuß errei-

◁ *Ruhig schaukeln die kleinen Boote im Hafen von Agía Effimía* 37

▽ *Zeit für eine kulinarische Pause im beschaulichen Agía Effimía* 37

053ke-sm

chen. Alatiés (s. S. 79) an der Westküste ist ein ganz besonderer Strand, denn er ist umringt von bizarren Felsformationen – ein Muss für jeden, der es abwechslungsreich mag.

Fiskárdo, die einzige vom Erdbeben von 1953 verschonte und damit **architektonisch unversehrte Ortschaft Kefaloniás**, ist zu einem echten Highlight aufgestiegen. Hier tobt das Leben bis in die späten Abendstunden. Ganz anders präsentiert sich **Ásos**, ein kleines Juwel an der Westküste, das sich das Flair eines ruhigen Fischerdorfes bewahrt hat. Hoch oben auf der angrenzenden Halbinsel thront majestätisch die gleichnamige **imposante Burg**, die Besucher dazu einlädt, die atemberaubende Aussicht zu genießen.

Richtung Norden wird die Vegetation an manchen Stellen karger

In Fiskárdo locken die Tavernen mit Sitzplätzen unmittelbar am Wasser

38 Fiskárdo ★★ [E2]

Φισκάρδο

Fiskárdo liegt an der nördlichen Spitze Kefaloniás, rund 50 km von Argostóli entfernt. Es handelt sich um einen der bedeutendsten Orte Kefaloniás, ist Fiskárdo doch vom Erdbeben von 1953 größtenteils verschont geblieben und hat dadurch seine ursprüngliche Architektur weitestgehend bewahrt.

Aufgrund dieser Tatsache wurde Fiskárdo als traditionelle Siedlung klassifiziert, in der viele Gebäude unter **Denkmalschutz** stehen. Den Charme eines beschaulichen Küstenörtchens hat Fiskárdo jedoch in der **Sommersaison** weitgehend verloren. In der Hochsaison ist ein entspannter Spaziergang entlang der Hafenmeile nur schwer möglich, denn dann tummelt sich eine **Vielzahl von Touristen** in dem knapp 200-Einwohner-Dorf, Tavernen und Cafés sind oft randvoll und Souvenirshops überfüllt. Die Beliebtheit des Ortes macht sich auch im Geldbeutel bemerkbar: Die Preise liegen über dem Inseldurchschnitt.

Dennoch gehört der Ort zu den Highlights der Insel, schon allein wegen seiner **schönen Lage**, denn Fiskárdo ist umringt Wäldern, Buchten und schönen Stränden. Wenn Fiskárdo nicht überlaufen ist – und das ist am ehesten in der Nebensaison der Fall –, dann offenbart das Örtchen sein besonderes Flair. Dann können Gäste die **historische Bausubstanz** bewusster wahrnehmen: Bunte, zweistöckige Häuser mit roten Dächern und schmalen, farbigen Balkonen umgeben den Hafen, in dem unzählige Fischerboote und einige Jachten im Wasser dümpeln. Blumengeschmückte Innenhöfe und enge Gassen, ein mit großen Froschskulpturen geschmückter Brunnen, urige Tavernen und kleine Geschäfte tragen zum Bild des pittoresken Küstenortes bei.

Fiskárdo wurde 1085 nach dem normannischen Kreuzfahrer **Robert Guiskard** (ital. Roberto d'Altavilla) benannt. Dieser hatte sich nach Griechenland begeben, um jene Gebiete zurückzuerobern, die sein Sohn in diversen Schlachten verloren hatte. Als er nach Kefaloniá gelangte, verstarb er am 17. Juli 1085 im Alter von 60 Jahren an heftigem Fieber, vermutlich infolge einer Typhus- oder Ruhrerkrankung.

Zudem wuchs der in Griechenland bekannte Dichter **Níkos Kavvadías** (1910–1975) in Fiskárdo auf. Sein Familienhaus, in dem er als Kind seine Ferien verbrachte, ist bis heute erhalten geblieben (nur von außen zu besichtigen).

Am **Hafen** befindet sich eine **schwimmende Mole** von aktuell 48 m Länge, früher waren es 60 m. Diese bietet Platz für 14 (zuvor 20) Jachten. Allerdings bemüht sich die Gemeinde, die Mole wieder auf ihre ursprüngliche Länge auszubauen.

Im Süden Fiskárdos liegt der interessante **Römische Friedhof** direkt am Meer – ein lohnendes Ziel. Sehenswert sind zudem der **Venezianische Leuchtturm** 39 und die **Byzantinische Kirchenruine** 40.

› **Anfahrt:** Mit dem Auto fährt man von Argostóli aus ca. 50 km nordwärts (Fahrzeit rund 1½ Std.). Auch Busfahrt ab Argostóli (ca. 2 Std.) möglich. Alternativ per Taxi.

055ke-sm

056ke-sm

39 Venezianischer Leuchtturm ★★ [E1]

Ενετικός Φάρος Φισκάρδου

Der venezianische Leuchtturm namens **Enetikós Fáros Fiskárdou** stammt aus dem 16. Jh. und befindet sich nördlich von Fiskárdo am **östlichsten Kap der Insel.** Er ist Anziehungspunkt für viele Besucher.

Insgesamt gibt es in Griechenland nach Auskunft der Marine noch 144 registrierte, steinerne Leuchttürme, wovon 58 bemannt sind. In den letzten zwölf Jahren wurden 22 Leuchttürme **restauriert**, darunter auch der Venezianische Leuchtturm von Fiskárdo.

Das kleine Schmuckstück, das sich im Besitz der Marine befindet, ist **zylindrisch** erbaut und nach der Restaurierung in einem guten Zustand, ebenso wie das Haus des Leuchtturmwärters, das gleich nebenan steht (beide nur von außen zu besichtigen). Vom Leuchtturm aus genießt man einen **einmaligen Blick** auf Fiskárdo, seine Bucht und den romantischen, in bunten Farben leuchtenden Hafen. Jedoch sollten Besucher angesichts der **hohen Klippen** rund um den Leuchtturm vorsichtig sein, denn es gibt **kein Geländer**, das vor einem Sturz ins Meer schützen kann.

Im Jahr 1892 wurde ein **neuer Leuchtturm** errichtet, der sich in unmittelbarer Nähe befindet. Er löste den alten Turm aus venezianischer Zeit ab. Der neue Leuchtturm ist mit 14,2 m höher als der alte und wird regelmäßig von den Mitarbeitern des Leuchtturmdienstes gewartet. Er ist in Betrieb und gewährleistet die Sicherheit in der Meerenge zwischen Kefaloniá, Itháki und Lefkáda.

› **Wegbeschreibung:** s. Wanderung 2 auf S. 99

40 Byzantinische Kirchenruine ★ [E1]

Παλαιοχριστιανική Βασιλική Φισκάρδου

Nördlich von Fiskárdo auf einem Hügel, eingebettet in einen Kiefernwald, befindet sich die **größte und bedeutendste frühchristliche Basilika der Ionischen Inseln.** Leider stehen heute nur noch **Ruinen** der im 6. Jh. n. Chr. erbauten Kirche, die von zwei von den Venezianern errichteten **Wehrtürmen,** den **Pírgi (Einzahl Pírgos)**, eingerahmt wird. Daraus lässt sich schließen, dass der Komplex zu jener Zeit auch als

Links erhebt sich der neue, rechts der alte Leuchtturm von Fiskárdo

Festung genutzt wurde. Die Wehrtürme sind typisch für die Architektur der venezianischen Herrschaftsepoche in Griechenland.

Es handelt sich um eine **dreischiffige Basilika,** die auf das 6. bis 8. Jh. n. Chr. datiert wird und offenbar dem **hl. Quiricus** gewidmet war. Früher besaß sie ein Holzdach. Noch gut erkennbar ist die halbkreisförmige **Apsis.** In der Apsis sind zwei Sockel des Altars erhalten. Die Basilika verfügte zudem über einen Narthex, eine schmale, eingeschossige Vorhalle am Haupteingang, die typisch für frühchristliche und byzantinische Basiliken ist.

Die **Pírgi** haben indes einen quadratischen Grundriss, sind zweistöckig erhalten und weisen gut sichtbare kleine, beinahe quadratische **Schießscharten** auf. Ein Pírgos hatte normalerweise nur im oberen Geschoss Fenster, oft in der dritten Etage. Der höher gelegene Eingang konnte über eine Treppe erreicht werden. Gekrönt wurden venezianische Pírgi gewöhnlich von **Schwalbenschwanzzinnen,**

Wanderung nach Spilióvouno mit alter Steinwindmühle

Einsam steht die alte, wenig bekannte Steinwindmühle auf dem üppig bewachsenen Spilióvouno, einem Berg südwestlich von Fiskárdo 38, der von der Archäologischen Gesellschaft als das antike Pánormos identifiziert wird.

Eine kaum genutzte und nicht ausgeschilderte Piste führt vom Strand Fóki [E2] steil hinauf zum Dorf Tselentáta. Im Frühjahr begrüßen die Wanderer unterwegs Hunderte schneeweiß blühende Lilien. In Tselentáta angekommen, führt der Weg gen Westen durch den hübschen Dorfkern mit alten Steinhäusern und dann weiter hinauf nach Katsaráta [E2] mit schöner Aussicht. Indem man stets rechts abbiegt und in Richtung Norden wandert, durchquert man das Dorf und kommt unweigerlich zu jener Piste, die in 180 m zur Steinwindmühle hinaufführt. Die Windmühle steht auf dem Gipfel des Berges und ist relativ gut erhalten. Ihr fehlt jedoch, wie so oft auf Kefaloniá, der obere Teil mit den Flügeln.

Geht man den Weg weiter, führt die Piste hinab zu einer Lichtung mit Gebäuden und einer Ölmühle. Kurz hinter der Lichtung führt eine kaum sichtbare Abzweigung zu einer großen Höhle inmitten des unberührten, dichten Waldes, die einst von Anwohnern als Behausung und zum Melken der Schafe genutzt wurde. Die Milch schafften sie in das nahe gelegene Fiskárdo.

Wissenschaftler fanden bereits im 19. Jh. Hinweise auf die Existenz eines Nymphenheiligtums auf dem Spilióvouno in der Nähe einer großen Höhle. 1913 wurden Gebäudereste, genauer gesagt Mauerwerk, bestehend aus großen, behauenen Steinen unterschiedlicher Größe, diesbezüglich genauer untersucht und schließlich als Heiligtum klassifiziert, da eine gewisse Nähe zum antiken Römischen Friedhof des alten Pánormos besteht.

Um nach Fiskárdo zurückzugelangen, muss man wieder auf die ursprüngliche Piste zurückgehen und dieser dann stets bergab folgen. Sobald man aus dem Wald tritt, liegt Fiskárdo in seiner ganzen Pracht und die Bucht als herrliche Kulisse vor einem.

› **Steinwindmühle von Spilióvouno** <102>

gemauerten Aufsätzen, die ein typisches Element bei Burgen und Festungen in Norditalien sind.

Insgesamt ist die Anlage als **baufällig** einzustufen. Eine Restaurierung wird anvisiert, allerdings gibt es eine Schwierigkeit: Das Land, auf dem der Komplex steht, ist in Privatbesitz und die Anlage selbst untersteht dem Kultusministerium. Eine Enteignung des Grundstücks wird angestrebt, jedoch gestaltet sich das aktuell als schwierig.

› **Wegbeschreibung:** Ein zehnminütiger Spaziergang führt von Fiskárdo zur Kirche. Ein gesäuberter Pfad beginnt an der Aussichtsplattform der Küste am nördlichen Zipfel der Stadt und schlängelt sich durch den Kiefernwald hinauf zum Hügel, wo sich die Basilika befindet. Von dort aus führt der Weg weiter zum Venezianischen Leuchtturm 39. Der Rundweg ist gut ausgeschildert. Alternativ folgt man der Route von Wanderung 2 (s. S. 99).

Infos und Reisetipps

› **Bushaltestelle:** oberhalb des Ortes, ca. 100 m bis zum Hafen

› **Geldautomat und Supermarkt:** am Hafen

Strände

› **Emplísi** <103> kleiner Kiesstrand nördlich von Fiskárdo in einer Bucht mit wenig Infrastruktur, Beachbar vorhanden. Im Sommer kann es voller werden.

› **Fóki** <104> rund 1,5 km südlich von Fiskárdo gelegener, traumhafter Kiesstrand vor grüner Kulisse aus Zypressen und Olivenbäumen mit Grotten und klarem Wasser. Keine Infrastruktur und selten überlaufen. Zu empfehlen.

Unterkünfte

In Fiskárdo gibt es zahlreiche Unterkünfte in Form von **Hotels und Pensionen.** Da der Ort touristisch gesehen als Highlight gilt, sind die Übernachtungspreise hier höher als anderswo auf der Insel.

Wem das nichts ausmacht und wer das Nachtleben liebt, der ist in Fiskárdo bestens aufgehoben. Hier tobt das Leben bis tief in die Nacht.

Essen und Trinken

› **Lord Falcon** €€ <105> in Hafennähe in einer Seitenstraße, www.facebook.com/lord.falcon.7, Tel. 6938924858, tgl. 18.30–24 Uhr. Zentral gelegenes thailändisches Restaurant mit authentischen, schmackhaften Gerichten für alle, die zwischendurch eine Abwechslung zur griechischen Küche benötigen.

41 Andipáta ★ [D1]

Αντιπάτα

Im Norden, rund 3,5 km vor Fiskárdo 38, liegt Andipáta im Gemeindebezirk Erissós. Es handelt sich um ein **kleines, beschauliches Dorf** mit einer Handvoll Einwohnern, einer sehenswerten Dorfkirche im Zentrum, einigen Unterkünften, einem Café, Restaurant und Minimarkt sowie einer alten Schule, die noch erhalten ist. Andipáta wurde – ebenso wie Fiskárdo – kaum vom Erdbeben von 1953 in Mitleidenschaft gezogen. So lassen sich hier zwischen modernen Villen im europäischen und amerikanischen Stil noch heute **über 300 Jahre alte Häuser** bewundern.

Unweit des Dorfes gibt es **zwei sehenswerte Attraktionen:** zum einen den kleinen, paradiesisch anmutenden Strand **Dafnoúdi** (s. rechts), der versteckt in einer verträumten Bucht an der Nordküste liegt, zum anderen das ehemalige Militärgebiet **Battería** (auch Mpataría). Es liegt rund 1,5 km nordwestlich von Andipáta und hatte insbesondere im Zweiten Weltkrieg eine strategisch bedeutsame Rolle. Die Italiener nutzten den militärischen Stützpunkt, um den Zugang zu Itháki, Etoloakarnanía und Lefkáda zu kontrollieren. Nach der Kapitulation im Jahr 1943 und der gewaltsamen Vertreibung der Italiener weitete die deutsche Besatzung den Militärstützpunkt aus und errichtete unterirdische Lager und Kasernen. Als die Wehrmacht 1944 aus Kefaloniá abziehen musste, sprengten die Deutschen einen Teil des Stützpunkts. Einige der **unterirdischen Stollen** blieben jedoch erhalten und sind zum Teil heute noch zugänglich. Im Inneren der Stollen haben sich bereits kleine Stalaktiten gebildet. Der Weg dorthin ist ausgeschildert.

› **Anfahrt:** Andipáta liegt direkt an der Provinzstraße Argostóli – Fiskárdo, mit dem Auto sind es ab Argostóli rund 45 km (ca. 1 Std. Fahrzeit). Aktuell gibt es keine offizielle Bushaltestelle im Ort, man kann aber den Busfahrer vorher fragen, ob er in Andipáta halten kann. Alternativ per Taxi.

Strände

› **Dafnoúdi** <106> rund 1,6 km nördlich von Andipáta liegender Strand an der Nordküste der Insel. Kleiner Kiesstrand von etwa 40 m Breite mit weißen, großen Kieselsteinen, umgeben von Bäumen und schroffen Felsen. Galt lange als Geheimtipp, jetzt aber im Sommer gut besucht. Von Andipáta aus ca. 1,5 km zu Fuß bis zum Strand. Keine Parkplätze, das Auto stellt man an der Provinzstraße ab. Die letzten 15 Min. (ca. 300 m) legt man zu Fuß zurück, man läuft über einen schmalen, steinigen Pfad durch den Wald. An der rechten Seite öffnet sich, ein wenig versteckt, eine Höhle, die begehbar ist. Glasklares, türkisblaues Meer, von Fischschwärmen bevölkert, mitunter auch Seesterne und Schildkröten. Keine Verpflegungsmöglichkeit vor Ort.

› **Alatiés** <107> rund 5 km südlich von Andipáta an der Westküste gelegener, kleiner Kies-Sand-Strand. Nur wenige Meter breit und umgeben von weißgrauen, bizarren Felsformationen. Keine Liegen und kein Schatten, aber Taverne mit schöner Aussicht direkt daneben.

› **Jerusalem Beach** <108> Kiesstrand ca. 3 km südlich von Alatiés mit Taverne und ein wenig überteuertem Sonnenliegenverleih. Das Wasser geht schnell in die Tiefe, daher für kleine Kinder ungeeignet. Im Sommer nicht überfüllt. Parkmöglichkeiten gibt es neben der Taverne oberhalb des Strandes.

Essen und Trinken

› **The Old Stone House Petrino** €€ <109> direkt an der Hauptstraße gelegen, Tel. 2674041304, tgl. 8.30–23.30 Uhr. Restaurant-Café mitten im Dorfzentrum

Alatiés-Beach ist von weißem, bizarr geformtem Gestein umgeben

057ke-sm

von Andipáta. Die Einrichtung ist typisch griechisch in Blau-Weiß gehalten, rundherum gibt es viel Grün und bunte Blumen. Der Fokus liegt auf guter regionaler Hausmannskost, die Portionen sind reichhaltig.

42 Ásos ★★★ [D3]

Άσος

Ásos gilt als die Perle Kefaloniás: Wunderschön schmiegt sich das 100-Einwohner-Dorf mit seinen in mediterranen Farben getünchten Häusern an eine Landenge von nur 50 m Breite, die die gleichnamige Halbinsel mit dem Festland verbindet.

An der **nördlichen Bucht** liegt der bezaubernde kleine **Hafen** mit dem **Kiesstrand,** die **südliche Bucht** ist hingegen felsig und von Klippen übersät. Das in Blautönen abgestufte Meer und die umliegenden, grün bewachsenen Hügel bilden einen zauberhaften Farbkontrast zu den bunten Häusern. Ásos ist nichts für Partybegeisterte und Shoppingfans, sondern lädt vielmehr zum Träumen, Entspannen und Abschalten ein. Einige gemütliche **Bars, Tavernen und Souvenirshops** reihen sich am Hafen aneinander. Insbesondere auf der Landzunge sind etliche **Unterkünfte** mit reizender Aussicht auf die Bucht zu finden.

Auf dem Gipfel der mit üppiger Vegetation bewachsenen **Halbinsel Ásos** thront die **Venezianische Burg** 43 aus dem 16. Jh. Hier oben wurde während der venezianischen Herrschaft das ursprüngliche Dorf Ásos gegründet, von dem heute nur noch einige Mauer- und Gebäudereste übrig sind. 1593 wurde die Siedlung Verwaltungshauptstadt von Nordkefaloniá. 1953 zerstörte das Erbeben das Dorf. Der Wiederaufbau wurde durch die Stadt Paris finanziert. Das Siedlungsbild aus der Zeit vor 1953 wurde dabei erhalten bzw. erneuert.

› **Anfahrt:** Mit dem Auto fährt man ab Argostóli rund 40 km in Richtung Fiskárdo 38 /Ásos, der Weg ist sehr gut ausgeschildert. Alternativ mit dem Bus (nur mit Umstieg in Divaráta, reine Fahrzeit ca. 1½ Std.) oder Taxi ab Argostóli.

⌃ Ausblick auf Ásos und seine herrliche Bucht

› Die Venezianische Burg von Ásos thront hoch oben auf der gleichnamigen Halbinsel

43 Venezianische Burg von Ásos ★★ [D3]

Ενετικό Κάστρο Άσσου

Westlich von Ásos auf der gleichnamigen **felsigen Halbinsel** stehen die **Ruinen** der eindrucksvollen Burg **Enetikó Kástro Ássou** aus dem 16. Jh. in etwa 170 m Höhe.

Es gibt **zwei Routen**, um zur Burg zu gelangen (Details s. S. 82). Je nachdem, welchen Weg man wählt, kommt man entweder am **östlichen Haupttor** an oder am **Portello**, dem **südlichen Nebeneingang**. Die im Buch beschriebene **Wanderung 4** (s. S. 101) bietet eine reizvolle Kombination beider Wege in Form einer Rundwanderung.

Wer es bis zur Burg geschafft hat, dem eröffnet sich eine **grandiose Aussicht** auf die traumhafte Landschaft: Gen Südwesten blickt man auf die Bucht von Agía Kiriakí nahe der Halbinsel Palikí, gen Osten auf Ásos.

Die Festung von Ásos ist in den Jahren 1593 bis 1596 von den **Venezianern** vermutlich auf den Ruinen einer früheren Burganlage errichtet worden, um sich vor **Piratenüberfällen** zu schützen. Aufgrund seiner Lage war das Dorf Ásos für Piraten nämlich eine leichte Beute und wurde häufig Opfer von Überfällen von See aus. Den Piraten gelang es immer wieder, die Wasserversorgung zu kappen und die Siedlung zu erobern. Um dies zu verhindern, errichteten die Venezianer die Burg. Rund 7000 Menschen wurden aus Soúli in der Region Thesprotía auf dem Festland in die Zitadelle von Ásos umgesiedelt. Sie beherbergte auch die Militärverwaltung und diente allgemein als **Verwaltungssitz für die Region Nordkefaloniá.** Zusammen mit dem Kástro Agíou Georgíou 24 ist die Festung ein schönes Beispiel für die damalige Militärarchitektur.

1684 eroberte Venedig die nördlich gelegene Halbinsel Lefkáda von den Osmanen zurück, wodurch die Burg von Ásos ihre strategische Bedeutung verlor. Durch die Eroberung gingen die osmanischen Überfälle deutlich zurück. In dieser Zeit wurde Argostóli zur Hauptstadt ernannt. Ende der 1920er-Jahren wurde ein **Gefängnis** im Inneren der Festung eingerichtet, in dem insbesondere im Zweiten Weltkrieg politische Gefangene einsaßen. Diese bauten Getreide und Wein an.

060ke-sm

Im Zuge des **Erdbebens** von 1953 wurde die Burg stark beschädigt. Die Bewohner, die zu diesem Zeitpunkt noch dort oben lebten, flüchteten nach Ásos oder in umliegende Gebiete. Das Gefängnis wurde geschlossen. 1961 wurden innerhalb der Burgmauern nur noch sechs Bewohner gezählt, die als **Kastriner** bezeichnet wurden. Bis zum Jahr 1963 verließen diese nach und nach die Burg.

Heute ist die Festung kostenfrei begehbar. Die noch in relativ gutem Zustand befindliche **äußere Mauer** von 3000 m Länge lässt sich dabei begutachten. Die gesamte Anlage erstreckte sich über eine Fläche von 440 Hektar. In der Nähe des Haupttors befinden sich die Ruinen der **katholischen Kirche des hl. Markus** und etwas weiter entfernt die **Gefängniszellen.** Zudem steht die 1880 auf den Resten eines älteren Gotteshauses errichtete **orthodoxe Kirche des Propheten Elías** innerhalb der Burgmauern.

Innerhalb der Festung gibt es mehrere unbefestigte **Wege,** die zu den Kapellen, Kanonen und **Aussichtsplattformen** führen. Der Rundgang umfasst ca. 3 km.

- **Wegbeschreibung:** Es gibt zwei Routen. Ein breiter, gut begehbarer, mit Sitzbänken ausgestatteter, aber durchaus anstrengender Weg von rund 2 km Länge führt teilweise in Serpentinen in 30–45 Min. zum östlichen Haupttor. Ein zweiter Wanderweg, wesentlich schmaler, kürzer und eher als Piste anzusehen, führt in rund 800 m zum südlichen Nebeneingang. Beide Routen beginnen am Parkplatz auf der Landzunge. Die erste Route ist als breiter Weg gut erkennbar, die zweite Route beginnt mit Treppen, die links noch vor dem Startpunkt des ersten Weges nach oben führen.
- **Tipps für den Aufstieg:** Hin und zurück inkl. Besichtigung sind ca. 3–4 Std. einzuplanen. Man sollte auf festes Schuhwerk und Sonnenschutz achten sowie Ausschau nach Schlangen halten. Unterwegs und oben an der Burg gibt es keine Verpflegungsmöglichkeit, daher ausreichend Wasser und Proviant einpacken.

059ke-sm

Infos und Reisetipps

- **Bushaltestelle:** bergauf am Parkplatz
- **Geldautomat:** am Hafen und neben dem Supermarkt
- **Parkplätze:** im Ort auf der Landzunge vor dem Aufstieg zur Burg Ásos und bergauf in Richtung Inselinneres. Zumeist sind beide überfüllt.
- **Supermarkt:** bergauf in Richtung Parkplatz

Strand

- **Ortsstrand von Ásos** <110> kleiner, halbmondförmiger, malerischer Kiesstrand von rund 70 m Länge in der Nordbucht direkt im Ort unweit der Tavernen

Unterkünfte

- **Linardos Apartments** €€€ <111> auf der schmalen Landzunge zur Burg gelegen, Tel. 2674051563, www.linardosapartments.gr. Im Süden von Ásos nur 15 m vom Strand entfernte Pension mit hellen, geschmackvoll gestalteten Zimmern zur Selbstverpflegung. Sämtliche Zimmer sind mit einem Balkon ausgestattet.
- **Romanza Studios** €€ <112> an der Nordseite der Bucht von Ásos, Tel.

6930324373, www.romanza-assos.com. Pension mit stilvoll eingerichteten Zimmern und einmaligem Blick auf die Bucht, den Strand und die Burg. Alle Zimmer verfügen über einen Balkon. Die Inhaberin verwöhnt ihre Gäste gern mit selbst gebackenem Kuchen.

Essen und Trinken

- **3WiseMonkeys** €€-€€€ <113> östlich des Ortszentrums, www.3wisemonkeys.gr, Tel. 2674051822, meist ab Mittag geöffnet. Mal was anderes: Streetfood-Truck vor der Kulisse eines verfallenen Wohnhauses mit sehr guter Auswahl an Hamburgern, Wurst, Pommes und Steaks, dazu gibt es Smoothies, Cocktails und Kaffee. Die perfekte Abwechslung zur griechischen Tavernen-Küche. Nicht ganz günstig, aber lecker. Sitzmöglichkeiten sind vorhanden. Vom Hafen die Straße gen Osten bergauf gehen, vorbei am Parkplatz, dann weitere 60 m (linke Straßenseite).
- **Rotsis Family Bakery** <114> Epar.Od. Assou, tgl. 7–21.30 Uhr. Kleine Bäckerei mit Cafè und Sitzplätzen mit Blick auf die Bucht, die süße Gaumenfreuden bis hin zu würzigen Spinat- und Käsetaschen anbietet.

44 Mírtos Beach ★★★ [D4]

Μύρτος Κεφαλονιάς

An der Westküste, ungefähr 30 km nördlich von Argostóli im Gemeindebezirk Pýlaros, lockt der wohl spektakulärste Strand Kefaloniás. Er hat sich in den letzten Jahren zu einer Hauptattraktion der Insel entwickelt.

Der etwa 800 m lange Strand von Mírtos wurde mit der **Blauen Flagge** ausgezeichnet und liegt unterhalb einer **Steilwand,** wunderschön eingebettet zwischen zwei schroffen Bergen. Am südlichen Ende befindet sich eine kleine **Höhle.** Das Wasser ist seicht

Meine Tipps

Autofahrt abseits der Hauptroute

Durch den Norden führt eine **Hauptstraße** von Argostóli bis nach Fiskárdo 38, auf der man nach Ásos 42 und Mírtos Beach 44 abfahren kann und die immer wieder einen herrlichen Ausblick auf die Küste und das Meer parat hält.

Es gibt jedoch noch eine **Parallelstraße,** die Espar. Od. Kariás – Énosis, die nach Fiskárdo führt und weitaus weniger stark frequentiert ist. Sie führt durch beschauliche, touristisch kaum erschlossene **Dörfer,** in denen das **traditionelle Inselleben** noch heute zu spüren ist. Die Rede ist von **Kariá, Varí und Plagiá** [alle E3], drei kleine Siedlungsperlen, die hübsch eingebettet zwischen den Berghängen des Nordens liegen. In den Ortschaften gibt es bisher noch keine Taverne, geschweige denn eine Pension oder ein Hotel, lediglich ein Café. Zwischen Varí und Kariá lassen sich entlang der Straße **Reste altertümlicher Kalköfen** sichten. In Varí, das vom Erdbeben stark getroffen wurde, stehen zahlreiche Ruinen zerstörter Häuser und die **Kirche Ágios Ioánnis Chrisóstomos** mit ihren eindrucksvollen Fresken.

Auszeit im Café

Im **Bergdorf Kariá,** ca. 10 km östlich von Ásos, lockt dieses liebevoll und romantisch eingerichtete **Café mit wundervoller Aussicht** auf die Umgebung. Serviert werden herzhafte und süße Speisen wie zu Omas Zeiten, die noch dazu hübsch angerichtet sind.

- **Rosies Cafe** <115> Kariá 1, Kariá, Tel. 2674051862, tgl. 9–21 Uhr

Im idyllischen Ásos 42 erinnern Kanonen und Statuen an die Inselgeschichte

und leuchtet in den schönsten Blautönen. Der Strand besteht aus **groben, weißen Kieseln** und ist mit Liegestühlen, Sonnenschirmen sowie einer kleinen **Beachbar** ausgestattet. Zudem ist in der Hauptsaison je nach Besucheraufkommen ein **Rettungsschwimmer** anwesend – und das nicht ohne Grund: Da der Strand in einer weiten, offenen Bucht liegt, können sich gerade bei stürmischem Wetter **hohe Wellen** bis zur Steilwand auftürmen, die alles mitreißen. Zudem kann die **starke Strömung** gefährlich werden, die auch schon zu Todesfällen bei Badenden geführt hat. Daher ist Strand von Mírtos insbesondere für Kinder nur bedingt zu empfehlen.

Oberhalb des Strandes, in nordöstlicher Richtung an der Hauptstraße, gibt es einen **Aussichtspunkt** mit einer extra angelegten **Parkmöglichkeit.** Hier ist meistens recht viel los, da auch Reisebusse einen Stopp einlegen. Von dort aus lässt sich der gesamte Strandabschnitt mit seinem karibisch anmutenden Flair und den zahlreichen **Serpentinen,** die sich den Berghang hinabschlängeln, überblicken. Hier kann man besonders reizvolle Foto aufnehmen.

› **Anfahrt:** Mit dem Auto fährt man ab Argostóli ca. 30 km in Richtung Fiskárdo 38 gemäß Beschilderung, Verfahren unmöglich. Parkplatz direkt am Strand. Ist dieser voll, wird oft auch am Straßenrand geparkt, wobei man Platz für den Bus lassen muss. Alternativ Anfahrt per Bus ab Argostóli (mit Umstieg in Sámi 30, ca. 2 Std.) bis fast hinab zum Strand, von der Haltestelle sind es noch ca. 100 m zu Fuß. Ansonsten Anfahrt per Taxi.

Weitere Strände

› **Agía Kiriakí** <116> weißer, etwa 1,2 km langer Kiesstrand ca. 15 km südlich von Mírtos mit Duschen und Umkleidekabinen sowie Tavernen. Nicht überfüllt, jedoch kann es dort wegen des Betriebs von Wassertaxis mal lauter werden.

Der spektakuläre Mírtos Beach 44

007ke-sm

- **Voúti** <117> östlich von Ftéri gelegener, empfehlenswerter Strand mit grobem Kies. Sehr klares Wasser, zum Teil mit Infrastruktur in Form von Verpflegungsmöglichkeiten und Dusche/WC. Anfahrt mit dem Auto möglich.
- **Kamári** <118> zwischen Ftéri und Voúti gelegener, grandioser Sandstrand mit Karibik-Feeling und Strandbar sowie vielen Grotten in den weißen Felsen am wunderbar türkisblauen Meer. Nur per Boot ab Zóla [C5] in wenigen Minuten für ca. 10 € pro Person erreichbar.
- **Ftéri** <119> attraktiver Strand ohne Infrastruktur, aber mit Geräuschkulisse durch Wassertaxis, Jachten und Boote, ca. 20 km südlich von Mírtos mit azurblauem Wasser und weißen Felsen. Via Boot in 10 Min. ab Zóla [C5] und zu Fuß in rund 40 Min. über eine Wanderpiste erreichbar. Zu empfehlen, jedoch nicht ganz günstig, ist das Boot für ca. 10–15 € pro Person, eine vierköpfige Familie zahlt somit für Hin-und Rückfahrt mind. 80 €. Die Wanderpiste ist für mobil eingeschränkte Personen nicht geeignet. Unbedingt festes Schuhwerk tragen: Es geht über Stock und Stein und durch ein Flussbett.

Essen und Trinken

- **Alexandros** €€ <120> Divaráta, an der Hauptstraße, Tel. 2674061777, www.facebook.com/AlexandrosMyrtos, tgl. 11–24 Uhr. Nicht direkt am Mírtos Beach gelegen, dafür aber sehr idyllisch im Nachbarort Divaráta. Tolle Aussicht auf die hügelige Umgebung und das Tal. Klassisch griechische Küche. Gerichte sehr schmackhaft. Einfach empfehlenswert.
- **Stou Tsagari** €€ <121> Zolá, Tel. 2671085000, Mo, Di, Fr, Sa 9–23 Uhr. Am oberen Hang befindliche, gemütliche Taverne mit schönem Blick auf die Bucht. Gemüse- und Fleischgerichte sowie Mezédes.

Halbinsel Palikí

Kleine, beschauliche Dörfer, eingebettet in eine hügelige Landschaft aus Feldern, Gärten und ausgeprägter Macchia, und **herrliche Küstenabschnitte** mit fantastischer Aussicht, versteckten Badebuchten und beliebten Traumstränden prägen das Aussehen der Halbinsel.

Wenngleich **Lixoúri** 45, der östlich gelegene **Hauptort** der Halbinsel, nur so vor Betriebsamkeit strotzt, kehrt nur 3 km weiter im einsam gelegenen **Kloster Iperagías Theotókou Kipouréon** 47 absolute Stille ein. Das Gotteshaus steht spektakulär und erhaben auf den Steilkippen der Westküste.

Je weiter man ins **Innere der Halbinsel** vordringt, desto ruhiger werden die Straßen und Dörfer. Die Krönung der Dorfidylle ist **Parisáta** [B7], das auf einem Berg in der Mitte Palikís nahezu abgeschottet vom Rest der Halbinsel liegt. Dort scheint die Zeit stillzustehen.

Weiter nördlich befindet sich der vielleicht schönste Strand der Halbinsel, **Petaní Beach** 48, der auch „Klein-Mírtos“ genannt wird. An der Nordküste lockt mit **Athéras** [B4] ein kleines Strandparadies. Die Bucht von Athéras ist besonders unter Griechen überaus beliebt, da sie abgelegen und weitab vom touristischen Trubel liegt. Blumen und viel Grün, ein Sandstrand mit seichtem Zugang und ein kleiner Segelhafen bilden eine hübsche Kulisse für Besucher. Ganz anders präsentiert sich der im Süden gelegene bekannte **Xi Beach** 46, der einen für die Insel ungewöhnlich roten Sandstrand aufweist und im Sommer von zahlreichen Touristen bevölkert wird.

Palikí hat also nahezu alles zu bieten: pittoreske, ruhige Dörfer, einen quirligen Hauptort, spektaku-

läre Steilklippen, malerische Buchten, Traumstrände und touristische Anziehungspunkte.

45 Lixoúri ★★★ [B7]

Ληξούρι

Die geschäftige **Hauptstadt Palikís** liegt an der **Ostküste** der Halbinsel. Lixoúri hat zwar kaum nennenswerte Sehenswürdigkeiten zu bieten, ist in der Hauptsaison jedoch stets gut besucht. Kein Wunder, denn von **Argostóli** aus ist Lixoúri in nur 20 Minuten **per Fähre erreichbar.** Der längere, bis zu 45 Minuten lange Fahrweg um die Bucht herum wird Besuchern dadurch erspart. Die meisten Reisenden kommen wegen des nahe gelegenen Xi Beach 46, aber auch, um das Kloster Kipouréon 47 zu besichtigen.

Eine Besonderheit ist die **Rivalität zwischen Argostóli und Lixoúri:** Beide Orte kämpften seit der Herrschaft der Venezianer lange Zeit um den Status als Hauptstadt. Der Streit ging sogar so weit, dass Kanonen zwischen beiden Städten zum Einsatz kamen und etliche Bürger bei der Fehde starben. Noch heute berichten Einheimische scherzhaft, dass man ein Visum benötige, um nach Lixoúri zu fahren, denn man betrete ein anderes Land.

Wenn Lixoúri etwas reichlich hat, dann sind das **Kirchen.** Einige prächtig und farbenfroh, andere dezent und versteckt – in jedem Fall lassen sie die Herzen so mancher Kunst- und Kirchenfans höherschlagen.

Die lange **Hafenpromenade Rizopastón** ist das eigentliche Herzstück des Ortes. Sie ist ein wichtiger Umschlagplatz und Treffpunkt der Einheimischen. Die größere **Parallelstraße Stilianoú Tipáldou** durchzieht den Ort in Nord-Süd-Richtung und dient als Zufahrtsstraße für aus dem Norden und Süden der Halbinsel kommende

⌃ Mediterrane Landschaften auf der Halbinsel Palikí

Fahrzeuge, weswegen sie stets stark befahren ist. Hier sind insbesondere Supermärkte, Gemüse- und Obsthändler, Elektronik- und Bekleidungsgeschäfte ansässig, aber auch einige Kirchen. Tavernen, Bars, weitere Supermärkte und Souvenirläden finden sich vornehmlich an der Küste in der Hafengegend. Der landeinwärts gelegene Teil der Stadt ist vor allem Wohngebiet und dadurch ein wenig ruhiger als der an der Küste liegende Bereich.

Am **Hafen** von Lixoúri steht das Wahrzeichen der Stadt: die **Bronzestatue** zu Ehren von **Andréas Laskarátos** (s. rechts), einem bedeutenden Satiredichter und Sohn der Stadt. Sie wurde 1961 von dem Bildhauer Athanásios Apártis geschaffen und so aufgestellt, dass der Schriftsteller Argostóli den Rücken zuwendet. Die Ausrichtung der Skulptur soll Ausdruck der ewigen Rivalität zwischen den beiden Städten sein.

› **Anfahrt:** Am schnellsten ist die Überfahrt mit der Fähre (in der Hauptsaison alle 30 Min., in der Nebensaison meist stündlich) ab Argostóli in ca. 20 Min. Die Fähre transportiert auch Autos. Alternativ Anfahrt mit dem Auto um die Bucht herum in ca. 45 Min. oder per Bus (um die Bucht herum) bzw. Taxi (auch per Fähre).

Infos und Reisetipps

› **Bushaltestelle:** beim Fähranleger

› **Geldautomat:** am Hauptplatz gegenüber dem Fähranleger, entlang der Hafenstraße

› **Tankstelle:** an der Hafenstraße

Strände

› **Varikó** <122> etwa 5 km nördlich von Lixoúri zu finden. Längerer Sandstrand, zum Teil mit Infrastruktur, teilweise mit Seegras und sehr flach. Ideal für kleinere Kinder, wenngleich kein Traumstrand. Verpflegungsmöglichkeit vorhanden.

KURZ & KNAPP

Andréas Laskarátos

Laskarátos wurde 1811 in Lixoúri (45) geboren. Er gilt als einer der scharfsinnigsten Kefalonier und einer der bedeutendsten Dichter der **modernen griechischen Literatur.** Seine Werke haben einen bissigen, satirischen Charakter und behandeln häufig politische Ereignisse. Durch seine kritische Sichtweise wurde er von der Kirche exkommuniziert. Laskarátos war zudem gezwungen, einen Großteil seines Lebens im Exil zu verbringen, kehrte aber in späteren Jahren nach Kefaloniá zurück, wo er 1901 in Argostóli verstarb.

› **Lépeda** <123> rund 3 km südlich von Lixoúri gelegener, rötlicher Sandstrand mit seichtem Wasser. Nicht unbedingt das Top-Highlight, aber perfekt für eine kurze Erfrischung. Taverne und öffentliche Umkleidekabine vorhanden.

Unterkünfte

› **Bella Vista** €€ <124> im südwestlichen Teil Lixoúris rund 500 m vom Zentrum entfernt, www.bella-vistastudios.gr, Tel. 2671091911. Ansprechende, geräumige und helle Apartments mit Balkon, zum Teil mit Meerblick. Garten mit Pool zum Entspannen. 250 m bis zum Meer.

› **La Cite Hotel** €€ <125> 28is Oktovríou, www.lacitehotellixouri.gr, Tel. 2671092701. Zweckmäßiges, aber sauberes Zweisternehaus am Westrand von Lixoúri auf Höhe des Fährhafens. Einfache Zimmer mit eher rustikalem Mobiliar. Schöne Gartenlandschaft mit Pool.

› **Palatino** €€ <126> westlich vom Ortskern auf einem Hügel gelegen, https://hotelpalatino.gr, Tel. 2671092700, Mindestaufenthalt 2 Nächte. Zweisternehotel in ruhiger Lage mit moderner Einrichtung auf zwei Ebenen. Zimmer mit Terrasse oder Balkon. Pool und Garten. Ideal für Ruhesuchende.

062ke ©daliu, stock.adobe.com

Essen und Trinken

- **Cafe Ouzeri I Géfira** € <127> westlich der Hauptstraße Stilianoú Tipáldou an einem kleinen Bach mit Brücke gelegen, Tel. 2671093810, Mo 7–23.55, Di–Sa 7–0.30 Uhr. Authentisches, kleines und günstiges Lokal im Herzen von Lixoúri mit einfachen, aber leckeren hausgemachten Speisen nach traditionellen Rezepten, etwa gebratener Fisch und frittierte Meeresfrüchte.
- **Café Pero** <128> Kroudanoú 9, am Hauptplatz, Tel. 2671091992, Mo–Sa 8–2, So 8–24 Uhr. Einladendes Café im hübschen Retro-Look mit sehr reichhaltigem Angebot an Speisen und Getränken. Sehr köstlich und unbedingt zu empfehlen, insbesondere zum Frühstück und für den Mittagssnack.
- **Megkousta Mpougatsa Thessalonikis** € <129> Sérvou, nördlich des Hauptplatzes in einer Nebenstraße, Tel. 2671091199, rund um die Uhr geöffnet. Der Fokus liegt auf Fastfood: von Bratwurst bis zu Crêpes ist alles dabei. Die Auswahl ist reichlich. Sandwichbeläge können selbst zusammengestellt werden. Ideal für den kleinen Hunger, insbesondere nach Mitternacht.
- **Mimóza** €€ <130> Grigoríou Lampráki, Tel. 2671093454, Do, Fr 18–24, Sa 12–24, So 12–18 Uhr. Nahe der südlichen Hafenbehörde gelegenes Mezedopoleío mit fabelhaften Gerichten. Fangfrischer Fisch zum Selbstaussuchen.
- **S'Anammena Karvouna** €-€€ <131> Grigoriou Lampraki, tgl. 17–23 Uhr. Gemütliche Taverne mit vornehmlich Fleisch- und Grillgerichten, wenige Schritte vom Hafen entfernt in einer Seitenstraße gelegen. Große Portionen zu günstigen Preisen. Absolut zu empfehlen.
- **Zefki** €€ <132> Tzon Kennedi 8, Tel. 2671091102, tgl. 16.30–24 Uhr. Behagliche Taverne, rund 50 m vom Fähranleger entfernt, mit Sitzmöglichkeiten im begrünten Hinterhof – dadurch recht ruhig. Gute Auswahl an griechischen Spezialitäten.

Einkaufen

- **Happy House** <133> Valaorítou 3, Mo–Fr 8.30–14 u. 18.30–22, Sa, So 10.30–13.45 u. 18.30–22 Uhr. Gegenüber der Taverne Zefki gelegene Buchhandlung mit großer Auswahl an nationalen und internationalen Büchern, Zeitschriften und Schreibwaren. Etliche lokale Bücher über die Insel, jedoch zumeist auf Griechisch.

Der Hafen von Lixoúri 45

Nachtleben

› **Inside Bar** <134> Grigoríou Lampráki, Tel. 6978232561, tgl. 21–3 Uhr. Moderne Cocktailbar mit sehr guter Auswahl an Cocktails in Hafennähe. Internationale Musik. Sehr zu empfehlen!

› **Loft Bar** <135> Grigoríou Lampráki, Tel. 6980652719, tgl. 19–4 Uhr. Direkt am südlichen Hafen gelegene Cocktailbar mit Terrasse und Meerblick. Hier genießt man seinen Cocktail mit schöner Aussicht. Gute Musikauswahl, sowohl national als auch international. Oft gut besucht.

46 Xi Beach ★ [B8]

Παραλία Ξι

Eines macht den Strand von Xi im Süden der Halbinsel zu etwas Außergewöhnlichem auf Kefaloniá: der **feine, rötlich-braune Sand**, der durch das türkisblaue Meer und die umliegenden weißen Kreidefelsen noch ein wenig roter wirkt.

Der im Sommer hoffnungslos überfüllte Strand ist nur etwa 7 km von Lixoúri 45 entfernt, also rund 15 Autominuten, und über eine befestigte Straße gut zu erreichen. Er ist relativ schmal und flächendeckend mit **Liegestuhl- und Sonnenschirmverleih** ausgestattet. Das Wasser ist eher seicht, was den Strand zu einem Paradies für **Kinder** macht. Etliche Bars, Cafés und Restaurants reihen sich aneinander, sodass jederzeit fürs leibliche Wohl gesorgt ist.

› **Anfahrt:** ab Lixoúri 45 mit Auto oder Taxi ca. 7 km (gut ausgeschildert)

Weitere Strände

› **Mégas Lakkós** <136> unmittelbar östlich von Xi Beach gelegener, rund 1,2 km langer Sandstrand mit rotbraunem Sand und kristallklarem Wasser, z. T. mit Infrastruktur und nicht so überlaufen wie Xi Beach.

› **Koutalá** <137> ca. 3,5 km westlich von Xi Beach. Herrlicher rötlicher Sandstrand, türkisblaues Meer, im Hintergrund erheben sich meterhohe grau-weiße Felsen. Koutalá ist kaum frequentiert und bietet keinerlei Infrastruktur. Geparkt wird oberhalb des Strandes an der Straße, ein kurzer Spaziergang über den Berg führt zum Strand.

› **Maniá** <138> westlich von Koutalá gelegen und mit ähnlichem Erscheinungsbild. Der Strand ist ca. 1 km lang und perfekt

Xi Beach ist aufgrund seines feinen, rötlich-braunen Sandes sehr beliebt

063ke-sm

MEIN TIPP

Ideal für Sternegucker: der Leuchtturm Gerogómpos

Im äußersten **Südwesten der Halbinsel Palikí** steht der in der Neuzeit errichtete Leuchtturm Gerogómpos, der über eine eher schlecht erhaltene **Schotterpiste** mit zahlreichen Schlaglöchern erreichbar ist, die rechts von der Straße zum Strand Langadákia abzweigt. Neben dem **herrlichen Ausblick** auf die Küste und das Meer gibt es dort noch eine weitere Besonderheit: In vielen Felsspalten hat sich weißes, **kristallines Meersalz** abgesetzt. Es gibt nur zwei Standorte auf Kefaloniá, wo sich Meersalz ablagert: zum einen beim Strand Alatiés (s. S. 79) im Norden der Insel und zum anderen hier, am Leuchtturm Gerogómpos.

Außerdem lässt sich am Leuchtturm nachts ein atemberaubendes Naturschauspiel beobachten: Wenn der Himmel nicht bedeckt ist, funkeln unzählige Sterne und die **Milchstraße** ist besonders gut sichtbar. Damit ist Gerogómpos neben dem Gipfel des Aínos (12) der zweite Ort auf Kefaloniá, der sich für die **nächtliche Himmelsbeobachtung** anbietet.

› **Leuchtturm Gerogómpos** <140>

für alle, die dem Trubel von Xi fernbleiben wollen. Der Lehm an den Felsen lässt sich für wohltuende Lehmpackungen auf der Haut verwenden. Keine Infrastruktur.

Unterkünfte

Hotelanlagen und Pensionen finden sich reichlich rund um Xi Beach. Die Preise sind hier etwas höher, da der Strand sich allgemein großer Beliebtheit erfreut.

Essen und Trinken

In **Strandnähe** gibt es zahlreiche Verpflegungsmöglichkeiten, die typisch griechische Gerichte wie Moussaká, Souvláki und Tzatzíki abdecken. Kulinarische Highlights finden sich eher im ländlichen Raum. Empfehlung:

› **Oasis Megas Lakos** € <139> ca. 300 m nördlich vom Strand Mégas Lakkós, Tel. 2671091583, ab Mai Mo–Sa 12–0.30, So 12–24 Uhr. Ländliche Taverne mit günstigen und leckeren griechischen Spezialitäten ohne viel Schnickschnack.

Im einsam gelegenen Kloster Kipouréon blüht es prächtig

064ke-sm

47 Kloster Iperagías Theotókou Kipouréon ★★ [A7]

Μόνη Υπεραγίας Θεοτόκου Κηπουραίων

Das 1759 gegründete und **Mariä Verkündigung** gewidmete Kloster thront an der Westküste der Halbinsel Palikí unmittelbar an den **Steilklippen**, rund 100 m über dem Meeresspiegel. Es zeichnet sich durch seine unverwechselbare, **spektakuläre Aussicht** auf das Meer aus, die vor allem bei Sonnenuntergang ein Erlebnis ist.

Das Kloster besitzt einen großen, mit Basilikum und Geranien bepflanzten Innenhof. Die **Bezeichnung** „Kipouréon" (griech. „Garten") leitet sich von den vielen umliegenden Gärten ab, die einst von den Mönchen gepflegt wurden. Heute ist das Kloster nur noch zeitweise bewohnt. Ein Küster öffnet Besuchern die Türen, die hier die **Ikone** der Jungfrau Maria, zahlreiche Gemälde und Fotografien früherer Mönche, ein Stück des Heiligen Holzes, das ein russischer Prinz dem Kloster geschenkt hat, und die **Myrrhe des hl. Demetrios von Thessaloniki** bewundern können.

Das Kloster wurde im Laufe der Geschichte mehrmals beinahe vollständig zerstört. Erstmals wurde es 1767 durch ein **schweres Beben** fast komplett dem Erdboden gleich gemacht. Danach störten Hungersnöte und Krankheiten den Betrieb des Klosters. Durch das Erdbeben von 1953 wurde die Kipouréon erneut schwer getroffen. Erst in den 1990er-Jahren wurde es von dem dort zeitweise lebenden Mönch wieder neu aufgebaut. Jedes Jahr am **25. März** feiert das Kloster die Verkündung des Herrn.

› **Anfahrt:** nur mit dem Auto möglich, keine direkte Busverbindung. Ab Lixoúri 45 fährt man gemäß Ausschilderung („Moní Kipouréon") in Richtung südliche Westküste (ca. 12 km). Alternativ per Taxi ab Lixoúri.

48 Petaní Beach ★★ [A6]

Παραλία Πετανοί

Traumhaft zwischen Steilklippen und saftigem Grün eingebettet, erstreckt sich der rund 600 m lange Strand von Petaní etwa mittig an der Westküste der Halbinsel.

Der Petaní-Strand gilt wegen seiner herrlichen Blautöne und der Felskulisse auch als „Klein-Mírtos"

065ke-sm

Der Strand gilt als **zweiter Mírtos Beach** 44, denn wie jener zeichnet sich Petaní durch glasklares Wasser und seine Lage inmitten hoher Steilwände aus. Außerdem ist er wie Mírtos über eine **Serpentinenstraße** zu erreichen. Petaní Beach ist gut ausgestattet und längst kein Geheimtipp mehr. Allerdings ist er bei Weitem nicht so überlaufen wie Xi Beach 46 oder Mírtos. **Weiße Kiesel**, zahlreiche **Liegestühle** und ein Meer aus Sonnenschirmen, dahinter ein paar **Tavernen** und ringsum Steilklippen – das ist das Bild, das sich dem Besucher von oben bietet, bevor es die Serpentinen hinuntergeht.

Urlauber, die ihre Unterkunft in einem der **Hotels oder Pensionen oberhalb des Strandes** buchen, sollten bedenken, dass bis zum Strand noch rund 2,2 km bergab zurückzulegen sind. Wer nicht über einen Mietwagen verfügt, sollte daher gut zu Fuß sein oder nach einem hoteleigenen Shuttleservice Ausschau halten. Die Hotels oberhalb vom Petaní Beach sind vor allem für Ruhesuchende zu empfehlen. Die **Sonnenuntergänge** hier sind einfach spektakulär.

Am Strand stehen etwa 30 **Parkplätze** zur Verfügung, die überwiegend **gebührenpflichtig** sind. Wer in den Nachmittagsstunden eintrifft, der muss oftmals bergab am Straßenrand parken, was nicht immer leicht ist, denn die Straße ist sehr eng. Daher lohnt sich eine Anfahrt in den **Morgenstunden.**

› **Anfahrt:** Ab Lixoúri 45 fährt man mit dem Auto durch die Mitte der Halbinsel zur nordwestlichen Küste (ca. 13 km). Dabei fährt man zunächst nach Agía Thékli. Sobald man das Dorf durchquert hat, folgt man der Beschilderung „Paralía Petaní“. Alternativ im Rahmen einer Bustour oder per Taxi ab Lixoúri.

Unterkunft

› **Niforos Panorama** €€ <141> oberhalb von Petaní Beach, https://niforospanorama.gr. Dreisternehotel mit der Möglichkeit, Frühstück oder Halbpension zu buchen. Zur Wahl stehen helle, gemütliche Zimmer mit Balkon. Sehr schöne Aussicht auf das Meer, gepflegte Anlage mit Pool. Auto erforderlich.

Essen und Trinken

› **Ladokolla stin Plagia** €€ <142> Damoulianáta, ca. 7 km südlich von Petaní Beach, Tel. 2671097493, tgl. 14–1 Uhr. Taverne im kleinen Dorf Damoulianáta mit reizvoller Meersicht. Die typisch griechischen Gerichte sind einfach und schmackhaft. Sehr zu empfehlen.

› **Mezedofoliá** €-€€ <143> Monopoláta, Tel. 2671097720, wechselnde Öffnungszeiten. Traditionelles Mezedopoleío im Bergdorf Monopoláta, das von außen an der einzigartigen Bemalung erkennbar ist. Serviert werden traditionelle Speisen, darunter auch seltene wie gegrilltes Ferkel und Pastourmadópita (Pastete mit Käse und Fleisch).

› **Taverna Petani** € <144> Epar. Od. Lixoúriou – Vilatoríon, Tel. 2671097055, tgl. 12–1 Uhr. Taverne oberhalb des Strandes mit günstiger griechischer Kost. Freundlicher Service und große Portionen.

Weiterer Strand

› **Agía Eléni Beach** <145> rund 7 km Straßenweg von Petaní Beach entfernter kleiner und wenig besuchter Sand-Kiesstrand mit einzigartiger Küstenidylle. Taucher und Schnorchler kommen hier auf ihre Kosten. Sehr klares und sauberes Wasser.

☐ Paragliding ist auf Kefaloniá ein beliebter Sport (s. S. 104)

066ke ©Igor Tichonow, stock.adobe.com

Baden

Kefaloniá ist ein echtes Badeparadies. Die gesamte Insel ist von **Traumstränden** gesäumt. Das Repertoire reicht von kilometerlang und breit bis hin zu klein und schmal. Es gibt gut erreichbare Strände und solche in abgeschiedenen Buchten. Es lässt sich allerdings kaum sagen, ob **Kies- oder Sandstrand** dominiert. Vielmehr findet sich ein ausgesprochen guter Mix beider Strandtypen auf Kefaloniá, sodass jeder Besucher auf seine Kosten kommt. Alle empfehlenswerten Badestrände der Insel werden im ersten Teil des Buches bei den jeweiligen Orten im Detail vorgestellt.

Die meisten Strände bieten eine **Infrastruktur**, das heißt sie sind mit **Toiletten** und mit **Sonnenliegen und -schirmen** ausgestattet. Die Preise halten sich in Grenzen: Pro Liege und Schirm werden zwischen 4 und 6 € pro Tag verlangt. Jedoch besteht bei allen Stränden auch die Möglichkeit, sich einfach mit einem Strandtuch im Sand oder Kies niederzulassen. **Strandbars** und Tavernen gibt es fast überall, selbst in abgelegenen Badebuchten. An größeren Stränden wie dem Stadtstrand von Skála 16 gibt es auch **Rettungsschwimmer**, die für Sicherheit sorgen.

Kleine, abgelegene Strände wie Pessáda (s. S. 51), Koutsoupiá (s. S. 63) und Ftéri (s. S. 85) bieten in der Regel wenig bis gar keine Infrastruktur oder Verpflegungsmöglichkeiten. Deshalb sollte man bei ihrem Besuch ausreichend **Trinkwasser und Proviant** mitnehmen. Solche Strände sind meist **nur zu Fuß** über eine mehr oder weniger gut ausgebaute Piste oder einen mitunter kaum erkennbaren Pfad erreichbar. In jedem Fall sollte man festes Schuhwerk tragen, da es nicht selten über Treppen, Felsen und Geröll geht. Auf dem Weg zum Strand Ftéri muss sogar ein Flussbett durchquert werden.

Die **Parksituation** ist unterschiedlich: Es gibt Strände, die haben reichlich Parkmöglichkeiten, zumeist entlang der Straße, andere wiederum haben so schmale Zufahrten, dass es regelmäßig zum Stau kommt, etwa am Strand Platís Gialós (s. S. 30).

Einige Badebuchten wie Kapsolimiónas (s. S. 72), Kamári (s. S. 85) und White Rocks (s. S. 30) lassen sich **nur mit dem Boot erreichen.** Das birgt den Vorteil, dass diese Strände weniger stark frequentiert sind und die Unterwasserwelt eine größere Artenvielfalt aufweist.

Zu den besonders **beliebten Stränden** zählen Xi 46, Andísamos 34, der Stadtstrand von Skála (s. S. 42), Mírtos 44, Lourdáta 13, Emplísi (s. S. 78) und Makrís Gialós (s. S. 30). An diesen Stränden kann es jedoch in den Sommermonaten häufig sehr voll werden. Wer einfach nur die Wellen rauschen und die Zikaden singen hören möchte, der ist dort sicherlich fehl am Platz. Aber meist findet sich in der Nähe eine geeignete Alternative.

Zu den **weniger frequentierten Stränden** gehören beispielsweise Kalamiá (s. S. 29) südlich und Kólpos Kormoránon (s. S. 29) nördlich von Argostóli, Kamínia (s. S. 43) bei Skála, Liménia (s. S. 46) nahe Póros 19, Kanáli (s. S. 37) westlich von Lourdáta oder Fóki (s. S. 78) im Norden.

Kefaloniá wird zunehmend von **FKK-Fans** besucht, die sich vornehmlich an einsameren Stränden wie Spíthi und Loutráki (beide S. 42) im Süden tummeln. Aber auch abgeschiedene Strandabschnitte längerer Strände wie

068ke-sm

Moúnda (s. S. 42) bei Skála sind Anziehungspunkt für Nudisten.

Es gibt auch einige **spezielle Strände**, die eine Besonderheit aufweisen, die auf der Insel einzigartig ist: Der südlich von der Inselhauptstadt Argostóli gelegene Strand Ámmes (s. S. 49) befindet sich unmittelbar am Flughafen und wird regelmäßig in knappem Abstand von Passagierflugzeugen überflogen, weshalb dieser Strand ein spektakuläres Highlight für Groß und Klein ist. Alatiés (s. S. 79) im Norden wird von weißgrauen, bizarren Felsformationen begrenzt, die einen reizenden Kontrast mit dem azurblauen Meer bilden. Petaní Beach 48 auf der Halbinsel Palikí wird wegen seiner Schönheit „Klein-Mírtos" genannt, ist aber weniger stark besucht als der bekannte Strand im Norden der Insel. Am Strand von Gradákia (s. S. 29) südlich der Hauptstadt finden Badegäste einen eher dunklen Sandstrand vor.

An den meisten Stränden ist das Meer sehr **seicht und flach**, also ideal für **Kinder**. Bei gutem, sonnigem Wetter herrscht in der Regel kaum Wellengang, es sei denn, am Horizont tuckert gerade ein Kreuzfahrtschiff vorbei – dann kann es schon mal ein paar größere Wellen geben. Aufpassen muss man am Strand von Mírtos, denn hier herrscht teilweise eine gefährliche **Strömung**, die nicht zu unterschätzen ist und bei schlechtem Wetter und hohem Wellengang lebensgefährlich sein kein. Vorsicht ist zudem am Andísamos Beach geboten, da es hier sehr schnell in die Tiefe geht.

Der überwiegende Teil der Strände ist gepflegt und sauber, d. h. Müll ist kaum vorzufinden. Die **Wasserqualität** ist an vielen Strandabschnitten ausgezeichnet. Etliche Strände Kefaloniás sind mit der **Blauen Flagge**, dem Umweltsiegel für Sauberkeit und nachhaltigen Tourismus, ausgezeichnet worden.

Die durchschnittliche **Wassertemperatur** schwankt zwischen 18 °C im Mai und bis zu 26 °C im August, selbst im Oktober werden im Schnitt noch 23 °C erreicht.

Der Stadtstrand von Skála (s. S. 42) verspricht Badefreuden

Wassersport

Anbieter für Wassersport findet man auf Kefaloniá vorwiegend an **längeren Stränden** wie Lourdáta 13 und Skála 16. Auch an kleineren, aber bekannten Stränden wie Xi Beach 46 besteht ein Wassersportangebot, zwar nicht umfangreich, aber für sportlichen Badespaß reicht es allemal. An der überwiegenden Zahl der Strände ist jedoch kein Anbieter für Wassersport zu finden. Hier heißt es, entweder seine eigene Ausrüstung mitbringen oder aber auf größere Strände ausweichen. Wegen **fehlenden Windes** ist Kefaloniá kein Ziel für Wind- oder Kitesurfer bzw. Wellenreiter.

Seekajakfahren

Ein- oder mehrtägige Ausflüge mit dem Seekajak auf dem Meer sind sehr erlebnisreich, die unter anderem von den Anbietern **Outdoor Kefalonia** und **Unexplored Kefalonia** (beide s. S. 129) organisiert werden. Auch Sea Kayaking Kefalonia ist empfehlenswert:

› **Sea Kayaking Kefalonia,** www.seakayakingkefalonia-greece.com, Tel. 6932904360. Interessant sind die mehrtägigen Ausflüge mit Inselhopping.

Segeln und Bootfahren

Für Segler und Bootseigner bietet Kefaloniá beste Bedingungen. Rund um die Insel gibt es viele **reizvolle Buchten**, in denen man ankern kann. Die Westseite der Insel ist insbesondere durch den regen Fährbetrieb zwischen Kefaloniá und dem griechischen und italienischen Festland geprägt, in Argostóli legen Kreuzfahrtschiffe einen Stopp ein.

Südlich der Insel existieren zwei **Gefahrenstellen:** zum einen Flachwasser vor dem Kap Moúnda, zum anderen ein militärisches Übungsgebiet rund zwei Seemeilen vor dem Kap Liákas (ca. 6 km südlich des Flughafens)

Für eine **nächtliche Ankerung** empfehlen sich die Buchten von Andísamos 34 und Agía Effimía 37 im Westen der Insel. Beide sind idyllisch gelegen und eher ruhig. Wer es ein wenig lebhafter mit ausgeprägtem Nightlife mag, der sollte Fiskárdo 38 ansteuern.

067ke-sm

Ásos 42 ist ebenfalls eine gute Wahl, allerdings ist der Ankerplatz durch die kleine Bucht ein wenig beschränkt. Starke Fallwinde können insbesondere im Norden der Insel auftreten.

Vor allem in größeren Ortschaften wie Sámi 30, Argostóli, Fiskárdo, Lixoúri 45 und Agía Effimía lassen sich ferner **Segel- oder Motorboote chartern:** entweder von privaten Bootsverleihern vor Ort oder über eine Bootsverleihagentur. Empfehlenswerte Anbieter:

- **Kefalonia Boat Rental** <146> Maïstráto, Argostóli, https://kefaloniaboatrental.com, Tel. 6944694488, 6945332555, tgl. 8–21.30 Uhr, Sportbootverleih am kleinen Hafen nördlich des Kreuzfahrtanlegers. Kunden werden vor dem Verleih gut beraten, ausgezeichnete Ortskenntnisse.
- › **Pirates Rent a Boat** <147> Sámi, https://de.piratesrentaboat.com, Tel. 6940600371, tgl. 9–23 Uhr, Sportbootverleih, der beliebt und daher in der Hochsaison durchaus mal ausgebucht ist, daher am besten vorab reservieren.

Tauchen und Schnorcheln

Ideal für **Schnorchler** sind einsame, versteckt liegende Badebuchten, die nur zu Fuß oder per Boot erreichbar sind, z. B. Pessáda (s. S. 51), Kapsolimiónas (s. S. 72), Kamári (s. S. 85), Dafnoúdi (s. S. 79) und White Rocks (s. S. 30). Aufgrund ihrer schwierigen Erreichbarkeit werden sie weniger stark besucht und weisen daher in puncto Unterwasserwelt eine größere Artenvielfalt auf. Aber auch ein beliebter Strand wie Andísamos eignet sich durchaus zum Schnorcheln – hier wird es schnell tief und das Wasser ist sehr klar.

Taucher werden südlich von Kamínia Beach (s. S. 43) und Kap Moúnda fündig, wo sich am **Riff Avathí Kákava** eine artenreiche Meeresflora und -fauna zeigt. Es gibt Raubfische wie Mittelmeer-Barrakudas, aber auch Europäische Papageienfische, Zackenbarsche, Meerbrassen, Bernsteinmakrelen und Oktopusse. Die Chance, im Wasser einer **Unechten Karettschildkröte** zu begegnen, ist groß. Das Riff ist zudem bekannt für seine **antike Wrackstätte**, wahrscheinlich ein versunkenes Dorf, wie Wissenschaftler vermuten. Noch heute existieren hier zahlreiche Amphoren und Schiffsteile aus der römischem Epoche (2. Jh. v. Chr.).

Rund eine Seemeile vor der Südküste liegt in einer Tiefe von 52 Metern das 1941 gesunkene, 88 m lange Patrouillen-U-Boot **HMS „Perseus“**, das heute ein artenreiches künstliches Riff darstellt, das von Schwämmen und kleinen Fischen besiedelt ist. Schwammwände im Meer sind zudem Lebensraum für weitere Meerestiere wie Grundeln, Lippfische, Muränen, Skorpionfische oder Seesterne.

- › **Pirate Divers Club** <148> Westküste bei Lássi, www.pirate-divers-club.gr, Tel. 6940880871. Ideal für Anfänger, die das Schnorcheln erlernen möchten. Es werden Kurse im Schnorcheln und Gerätetauchen (scuba diving) angeboten.

Wasserski, SUP & Co.

- › **Kefalonia Watersports** <149> am Strand von Makrís Gialós, www.kefaloniawatersports.com, Tel. 6977819970. Hier, an der Westküste Kefaloniás, wird alles angeboten, was Spaß macht wie Wasserski, Jetski, Fahrten mit dem Bananenboot oder dem Crazy Ufo, Stehpaddeln (SUP), Tretbootfahren und mehr.

◁ Mit dem Seekajak erkundet man die Küste auf spannende Art und Weise

Wandern

Hohe Berge, tiefe Schluchten, dichte Wälder, weite Olivenhaine, kultivierte Felder und Terrassen, undurchdringliches Gestrüpp – die **vielfältige Natur Kefaloniás** lädt zu ausgiebigem Wandern ein.

Kefaloniá hat viele schöne **Wanderwege** zu bieten, die vielerorts in gutem bis mittelmäßigem Zustand sind. Zumeist handelt es sich um unbefestigte Sand- oder Steinwege, seltener sind sie betoniert. An Orten, die nicht zu den touristischen Highlights zählen, sind die Pisten jedoch mitunter nicht gepflegt oder sogar zugewachsen. Aus Sicherheitsgründen sollte man nicht auf eigene Faust durch unwegsame Macchia oder Felslandschaften streifen. Vorsicht ist auch an bestimmten Badebuchten geboten, die vielleicht von oben verlockend aussehen, aber nur sehr schwer zu erreichen sind. Die besten Wanderwege befinden sich im Norden rund um Fiskárdo 38, aber auch im Süden rund um den Berg Aínos 12 sowie zwischen Skála 16 und Póros 19.

Generell sollte man auf eine gute **Ausrüstung** achten: Festes Schuhwerk, eine Kopfbedeckung, ausreichend Flüssigkeit und Verpflegung, ein Erste-Hilfe-Set und ein voll aufgeladenes Mobiltelefon sind ein Muss. Je nach Wanderung können weitere Hilfsmittel nützlich sein, etwa eine Taschenlampe für Grottenbesuche, Abseilmöglichkeiten für tiefere Höhlen und Wechselkleidung für verschwitzte Körper.

Berücksichtigen sollte man auch die lokalen Gegebenheiten, die mitunter unbarmherzige Sonne und die eigene Kondition. **Anfängern** sei daher ein gemächlicher Einstieg von wenigen Kilometern auf leichter Strecke empfohlen, etwa die Wanderung zum Gipfel des Aínos 12 oder die Route von Fiskárdo zum Venezianischen Leuchtturm 39 (Wanderungen 1 und 2). Danach kann man eine etwas längere Strecke ausprobieren wie die von Argostóli zu den Katavothren 6 (Wanderung 3). Wanderung 4 von Ásos 42 zur Venezianischen Burg 43 ist schon etwas kräftezehrender, da es stets bergauf bzw. bergab geht. **Geübteren Wanderern** sei die Route 5 zum Kloster Ágioi Fanéntes 31 oder die Wanderung zum Wasserfall Potistí (s. S. 46) ans Herz gelegt.

› **Wanderkarte 9.3 Kefaloniá/Itháki von Topo Islands:** wasserfester Inselplan mit Routen für Wanderer und Trekkingliebhaber in englischer Sprache, 1:65.000 (Kefaloniá) und 1:25.000 (Itháki)

Wanderung 1: Zum Gipfel des Aínos

› **Charakter:** leichte Streckenwanderung mit Steigung für jedes Fitnesslevel
› **Ausgangs- und Endpunkt:** Gipfel des Aínos 12, Straßenschleife am Ende der asphaltierten Straße (Parken am Straßenrand) [F9]
› **Länge:** 3,6 km
› **Dauer:** ca. 1½ Std.
› **Höhenunterschied:** rund 100 m
› **Einkehr:** unterwegs keine Möglichkeit, daher Proviant mitnehmen
› **Gefahren:** eventuell Schlangen

Ausgangspunkt ist die **Straßenschleife** am Ende der asphaltierten Straße kurz vor dem Berg **Aínos** 12 in 1525 m Höhe. Von dort aus geht es zu Fuß entlang der gut sichtbaren **Schotterpiste.** Nach ca. 400 m (5–10 Min.) ist ein schöner **Aussichtspunkt** erreicht.

Der weitere Weg zum Gipfel auf 1628 m Höhe ist **ausgeschildert.** Die Piste wird fast bis zum Schluss beidseitig von der typischen **Kefalonische Tanne** (s. S. 114) flankiert. Nach rund 1,3 km ist rechts ein von einem **Holzgeländer** eingerahmter Weg durch den **Wald** zu sehen. Hier biegt man ein und folgt dem Weg für rund 10 Min. Danach biegt man rechts auf die steinige Piste ab und folgt dieser etwa 100 m bis zum Gipfel. Dieser ist mit einer unspektakulären Holztafel gekennzeichnet. Nach einer Verschnaufpause geht man auf demselben Weg wieder zurück zum Ausgangspunkt.

Wanderung 2: Von Fiskárdo zum Venezianischen Leuchtturm

- **Charakter:** einfache Rundwanderung für jedes Fitnesslevel
- **Ausgangs- und Endpunkt:** Hafen von Fiskárdo 38 [E1]
- **Länge:** 2,3 km
- **Dauer:** ca. 1 Std.
- **Einkehr:** am Anfang oder Ende der Tour am Hafen, z. B. bei Lord Falcon (s. S. 78)
- **Alternative Route:** Um die Strecke abzukürzen, kann man von der Byzantinischen Kirchenruine 40 aus ca. 200 m durch das südlich gelegene Wäldchen zum Ausgangspunkt zurückgehen.

Vom **Hafen in Fiskárdo** 38 aus geht es in Richtung Osten immer entlang der Küste bis zum Ende des Hafenbeckens (ca. 220 m). Von den zwei ausgeschilderten Wegen, die zum **Venezianischen Leuchtturm** 39 führen, wählt man den **rechten Weg** entlang der **Küste** und folgt den Schildern „Fáros". Der Weg ist gut erkennbar und leicht begehbar. Zuerst geht es einige Meter zwischen dichtem Baumbewuchs hinab, dann ohne Höhenunterschiede auf schmalem Weg bis zum Leuchtturm. Unterwegs genießt man den **Ausblick** auf den Hafen und das Meer. Gegen Ende wird der Weg etwas steiniger, der Baumbewuchs lichtet sich. Rechter Hand sind das Wärterhaus und dahinter der Leuchtturm zu sehen.

Folgt man der Piste weiter, gelangt man in wenigen Schritten zum **neuen Leuchtturm** und anschließend zur nur 220 m nordwestlich gelegenen **Byzantinischen Kirchenruine** 40. Auch diese Piste ist gut ausgeschildert, sie führt durch lichten, niedrigen Bewuchs.

Von der Kirchenruine geht ein **Pfad** ab, der Wanderer in 160 m nordwestlich zu einer Abzweigung bringt, bei der linksseitig ein **Wohnhaus** erkennbar ist. Die breite Piste links zum Wohnhaus lässt man links liegen und wählt stattdessen die schmale Piste rechts gen Norden, der man rund 260 m folgt. Rechter Hand ist einige Meter entfernt eine **Pension** zu sehen. Auf Höhe der Pension verläuft die Piste nach links und führt geradewegs auf einen **breiteren, befahrbaren Weg.** Links ist ein Wohnhaus zu sehen. Man schlägt den Weg links ein und folgt diesem für rund 120 m. Nun geht links ein Pfad zu einem weiteren Wohnhaus ab – diesen nicht einschlagen, sondern weitere 150 m auf dem bisherigen Weg bleiben. Direkt hinter dem kleinen Wäldchen biegt man links in die schmale Piste ein und folgt dieser für etwa 200 m Richtung Süden. Der Weg endet auf der **asphaltierten Straße,** die nun in etwa 200 m wieder hinab zum **Hafen** führt.

Wanderung 3: Von Argostóli zu den Katavothren und zum Leuchtturm

> **Charakter:** Rundwanderung mit mittlerem Schwierigkeitsgrad für Wanderer mit normaler bis guter Kondition, die längere Strecken nicht scheuen. Wichtig sind geeignete Schuhe für harte Untergründe wie Asphalt und eine Kopfbedeckung als Sonnenschutz.
> **Ausgangs- und Endpunkt:** Kreuzfahrtanleger in Argostóli [C8]
> **Länge:** 4,8 km
> **Dauer:** 1½ Std.
> **Höhenunterschied:** gering, etwa 60 m
> **Verpflegungsmöglichkeiten:** Taverne Vinaries (s. S. 32) nach ca. ¼ der Strecke oder am Ende der Route im Hafenbereich, z. B. bei Paliá Pláka (s. S. 31)

Die Wanderung beginnt beim **Kreuzfahrtanleger** im nördlichen Hafenbereich von **Argostóli.** Von hier aus folgt man der Küstenstraße rund 400 m nach Norden bis zum Ende des kleinen Bootsverleihhafens und biegt dann links ab. Nach etwa 60 m zweigt rechts die **Straße Ellinikoú Erithroú Stavroú** ab, hier biegt man ein und wandert auf dem schönen rechtsseitigen **Fußweg** unter Bäumen in Richtung Norden.

Nach rund 100 m ist links ein von einem **Metallzaun** umgebenes größeres Gebäude zu sehen. Früher war hier das **Kinderheim** von Argostóli untergebracht, das nach dem Zweiten Weltkrieg und nach dem Erdbeben von 1953 verwaiste Kinder aufnahm. Nach weiteren 400 m ist die **Taverne Vinaries** (s. S. 32) erreicht. Hier kann man sich eine Stärkung gönnen.

Kurz hinter der Taverne (ca. 100 m) lässt sich ein kurzer **Abstecher zur Küste** unternehmen. Hier entdeckt man die Überreste einer früheren Meerwassermühle und einer verfallenen Fabrik. Weiter geht es auf dem gleichen Weg wie zuvor gen Norden. Nach rund 400 m erreicht

069ke-sm

man schließlich die **Katavothren** 6. Bis hierher war der Weg stets schattig und führte unter Bäumen an der Küste entlang. Nun folgt ein längerer **Abschnitt ohne Schatten.** Von den Katavothren geht es links, also gen Westen an der Küste entlang, vorbei am rechtsseitigen **Strand Fanári** und am linksseitigen **Campingplatz**. Wer möchte, kann sich in der neben dem Campingplatz gelegenen **Taverne** stärken. Nach insgesamt rund 750 m ist schließlich der **Leuchtturm Ágioi Theodóroi** 7 erreicht.

Vom Leuchtturm aus geht es zurück zum Campingplatz (ca. 350 m). Direkt daneben zweigt rechts ein **unbefestigter Weg** ab und führt zur **Taverne Fanári** (letzte Einkehrmöglichkeit vor Argostóli). Diesen Weg schlägt man ein, biegt hinter der Taverne links ab und folgt dem Pfad für 350 m gen Süden. Es folgen einige Kurven an verschiedenen Wohnhäusern vorbei. Nach ca. 350 m zweigt links eine bergauf führende **asphaltierte Straße** ab. Dieser folgt man für ca. 400 m und passiert dabei mehrere Pensionen.

Nach einigen Kurven erreicht man das **Monument für die gefallenen Italiener** 5 der Division „Acqui". Von dort folgt man dem Straßenverlauf bergab für rund 750 m ohne abzubiegen. Nach zwei **Haarnadelkurven** ist man wieder in Argostóli angekommen. Stadteinwärts läuft man entlang der Straße nach Süden bis zur ersten Kreuzung, wo man links in die Straße Áreos abbiegt und dieser bis zum **Hafen** folgt. Rechts abbiegend, ist schließlich der Kreuzfahrtanlegeplatz erreicht.

‹ Der Leuchtturm Ágioi Theodóroi 7 ist eines der markanten Etappenziele von Wanderung 3

Wanderung 4: Von Ásos zur Venezianischen Burg

- **Charakter:** mittlerer Schwierigkeitsgrad für Wanderer mit guter Kondition, da der Aufstieg zur Burg recht mühsam ist. Wichtig: Kopfbedeckung, festes, bequemes Schuhwerk und genügend Proviant mitnehmen, denn unterwegs gibt es bisher keine Verpflegungsmöglichkeit.
- **Ausgangs- und Endpunkt:** Parkplatz in Ásos 42 [D3]
- **Länge:** 3,6 km
- **Dauer:** 90 Min. (ohne Burgbesichtigung)
- **Höhenunterschied:** etwa 100 m
- **Einkehr:** vor oder nach der Tour in den Lokalen im Ortskern von Ásos
- **Gefahren:** Schlangen

Zwei Wege führen nach oben zur **Venezianischen Burg von Ásos** 43 (Details s. S. 82). Diese Wanderung bietet eine **Kombination beider Wege:** Für den Aufstieg eignet sich der befestigte Weg mit Sitzbänken, für den Abstieg die unbefestigte Piste mit tollem Meerblick.

Los geht es am unteren **Parkplatz von Ásos** 42 wenige Meter neben dem Ortsstrand. Geradeaus beginnt der **befestigte Weg** mit Ausschilderung, der zunächst entlang der Küste und später im Inneren der Halbinsel verläuft. Diesen Weg schlägt man ein. Nach rund 550 m sind die **Ruinen einer byzantinischen Kapelle** erreicht, von der sich eine **einmalige Aussicht** eröffnet. Zudem lassen sich alte Mauerreste bestaunen.

Danach geht es etwa 700 m in **Serpentinen** hinauf, stets auf demselben befestigten Weg – auf der einen Seite mit **reizvollem Meerblick**, auf der

092ke-sm

anderen Seite mit mediterranem Bewuchs. Nach der sechsten Haarnadelkurve ist der Weg auf etwa 450 m schnurgerade, dann kommt eine letzte Haarnadelkurve. Etwa 150 m weiter ist der **Burgeingang** erreicht. Wer die Anlage komplett besichtigen möchte, muss weitere 3 km für einen Rundgang auf unbefestigten Wegen einrechnen.

An der **Aussichtsplattform**, wenige Schritte vom ehemaligen Gefängnis entfernt, beginnt der etwa 800 m lange **Abstieg** auf der erwähnten **unbefestigten Piste.** Diese ist weniger kurvenreich als der Hinweg und führt direkt abwärts zum **Parkplatz.** Südlich davon kann man noch einmal die phänomenale Aussicht auf das Meer bewundern.

Wanderung 5: Von Sámi zum Kloster Ágioi Fanéntes

Der Startpunkt ist am **Hafen von Sámi** (30). Von hier aus geht es ca. 400 m an der Küste entlang in nordöstliche Richtung zum **Strand von Loútro.** Dort schwenkt man auf die **Hauptstraße** und folgt dieser in gleicher Richtung bergauf ohne abzubiegen. Die Straße ist von dichtem Baumbewuchs gesäumt, gibt jedoch des Öfteren eine **herrliche Aussicht** auf die Küste frei. Nach ca. 2 km gelangt man an eine Kreuzung und wendet sich nach rechts. Nach wenigen Metern erreicht man eine **Aussichtsplattform,** von der man **Andísamos Beach** (34) gut im Blick hat – ideal für einen **Fotostopp.** Die Route bis zur Aussichtsplattform ist **gut befahren**, weshalb hier zur Vorsicht geraten wird.

Anschließend geht man auf demselben Weg zurück, bis links eine schmalere asphaltierte Straße in **Richtung „Ancient Sámi“** (ausgeschildert) abzweigt. Diese führt nun stetig bergauf. Nach etwa 450 m zweigt links ein recht steiler Serpentinenweg zum sehenswerten **Kloster der Heiligen Jungfrau von Agrilíon** (33) ab (weitere 450 m), wo man eine kleine Pause einlegen kann.

Danach geht man wieder hinab zur befestigten Straße und folgt dieser rund 1,5 km. Der anfänglich dichte Bewuchs aus Zypressen, Wacholder und Olivenbäumen entlang des Weges weicht allmählich, das Gebiet wird einsehbarer. Schilder kündigen die **Akrópolis des antiken Sámi** (32) an. Um zu den Ruinen aufzusteigen, schlägt man am Schild rechts den schmalen **Trampelpfad** nach oben ein. Die **Aussicht**

- **Charakter:** mittlerer Schwierigkeitsgrad, gute bis sehr gute Kondition erforderlich. Man sollte kein Problem damit haben, 3 Std. zu Fuß zu gehen. Unterwegs keine Verpflegungsmöglichkeiten, weshalb man ausreichend Proviant mitnehmen sollte. Außerdem auf bequemes, festes Schuhwerk und eine Kopfbedeckung achten.
- **Ausgangs- und Endpunkt:** Hafenanleger von Sámi 30 [F6]
- **Länge:** 11 km
- **Dauer:** ca. 2½–3 Std.
- **Höhenunterschied:** ca. 270 m
- **Einkehr:** vor oder nach der Wanderung in Sámi, z. B. bei Il Familia (s. S. 63)

hier oben ist fantastisch, weshalb sich der Aufstieg (ca. 250–300 m) lohnt. Oben kann man kurz verschnaufen, am besten bei einem kleinen **Picknick.** Bitte nicht vergessen, den Müll wieder einzupacken.

Für den **Abstieg** wählt man den breiteren, bequemen Weg, der über eine Wiese wieder zurück auf die befestigte Straße führt. Nach einigen Metern mit lichter Vegetation kehrt der dichte **Zypressen- und Wacholderbewuchs** zurück, dennoch kann man hin und wieder einen reizvollen Ausblick auf die Umgebung erhaschen. Unterwegs begegnen einem viele frei umherlaufende **Ziegen.**

Nach 1,4 km ist das **Kloster Ágioi Fanéntes** 31 auf einer rechtsseitigen Lichtung erreicht. Hier kann man ebenfalls pausieren.

Von der Aussichtsplattform hat man einen atemberaubenden Blick auf die Bucht von Andísamos 34

Danach wandert man weitere 950 m auf dem Weg, bis man rechts ein **Wohnhaus** und links einen bergauf führenden Weg sieht. Diesen ignoriert man und wählt den befestigten Weg an dem Haus vorbei. Ringsum ist der dichte Bewuchs in eine **offene mediterrane Landschaft** übergegangen. Nach 550 m geht zuerst links und wenige Schritte weiter rechts ein Weg ab. Man nimmt den rechten Weg bergab und folgt diesem in etlichen **Serpentinen** für rund 1,2 km bis zur **Hauptstraße** (Epar. Od. Argostóli – Sámi).

Dort angekommen, wendet man sich, rechts abbiegend, gen Norden und folgt der Straße rund 1,2 km durch den **Ortskern von Sámi** bis zum **Fähranleger**, dem Ausgangspunkt der Wanderung. Auf dem letzten Stück entlang der Hauptstraße gibt es mehrere **Tavernen**, die sich für eine Stärkung anbieten.

Weitere Aktivitäten

Radfahren

Radfahrer können auf Kefaloniá auf ihre Kosten kommen, wenn sie nicht unbedingt in der Hauptsaison radeln, denn dann nimmt der **Autoverkehr** auf den Straßen deutlich zu. Da der überwiegende Teil der Straßen keine separate Spur für Radfahrer besitzt, die Routen oftmals sehr eng und kurvenreich sind und das Fahrverhalten mancher Menschen zu wünschen lässt, ist im Straßenverkehr äußerste **Vorsicht** geboten. Radfahrer sollten also am besten das Frühjahr oder den Herbst für Touren wählen.

Für **Mountainbike-Fahrer** empfiehlt es sich, die zahlreichen **Schotterpisten** zu nutzen, die als sekundäre Straßen gelten und somit kaum von Autos befahren werden. Diese oft holprigen Wege führen häufig zu abgelegenen Klöstern und Kirchen. Mountainbike-Fahrer sollten aber darauf achten, offizielle Wege zu nutzen und nicht durchs Gelände zu preschen, um die Natur und den Artenreichtum nicht zu gefährden.

Ausleihstationen sind relativ rar gesät. **E-Bikes** und **Trekking-Räder** lassen sich für durchschnittlich 195 €/Woche samt Ausrüstung (Helm, Schloss, Gepäcktasche etc.) mieten.

- ■ **Ainos Bikes Kefalonia** <150> Sitémporon 61–63, Argostóli, Tel. 2671026874, 6987123994, www.ainosbikes.com. Vermietung von Fahr- und Trekkingrädern mit Ausrüstung zu günstigen Preisen. Außerdem Motorräder und Roller.
- › **Fiora bikes** <151> Trapezáki, Mousáta, Tel. 6947915511, https://fiorabikes.gr. Familienbetrieb für den Verleih von Mountainbikes, Citybikes und Trekkingrädern. Diese werden im Umkreis von 15 km um Trapezáki (ca. 3 km nordwestlich von Lourdáta) kostenlos zum Kunden geliefert, auch an Hotels. Ein Cityfahrrad kostet um 65 €/Woche.

Pferde gibt es auf der Insel als Nutztiere, aber rund um den Aínos-Berg 12 *auch wild*

093ke-sm

Reiten und Eselwanderungen

- › **Bavarian Horse Riding Stables** <152> Epar. Od. Grizáta – Mouzakáton, in der Nähe von Sámi und der Drogaráti-Höhle gelegen, Tel. 6977533203, https://kephalonia.com, tgl. 7–21 Uhr. Ganzjährig werden Reitausflüge in die Berge und durch alte, verfallene Dörfer oder an den Strand angeboten, entweder stündlich (ab 30 €), halb- und ganztags oder über mehrere Tage. Die Eigentümerin ist Deutsche.
- › **Donkey Trekking Kefalonia** <153> Grizáta, südlich von Sámi, Tel. 6980059630, www.donkeytrekkingkefalonia.com, Touren sind ganzjährig möglich, April–Ende Okt. Mo–Fr 9–12 und 18–20 Uhr Treffen am Stall möglich, alternativ Buchung via Telefon, SMS, WhatsApp, Viber, Telegram, E-Mail oder Facebook. Nov.–Ende März Buchung nur via Telefon, SMS, WhatsApp, Telegram, E-Mail oder Facebook. Alle Kontaktdaten und -möglichkeiten siehe Website. Zur Wahl stehen interessante, mit Herz geführte Touren mit Eseldamen durch die wilde Natur Kefaloniás. Dabei tragen die zahmen Tiere nicht mehr als 50 kg. Wer schwerer ist, läuft neben seinem haarigen Gesellen. Vorbehaltlos zu empfehlen. Deutschsprachige Betreiberin.

Zipline, Paragliding & Co.

Aktivurlauber und Abenteurer können auf Kefaloniá aus einer Vielzahl von Aktivitäten auswählen: Eine Fahrt mit der **Seilrutsche (Zipline)** hat der Anbieter **Outdoor Kefalonia** (s. S. 129) im Programm, ebenso wie **Höhlenwandern**, **Coasteering** (Klippenwandern mit Wasserkontakt) oder **Jeep-Safaris.** Ein Flug mit dem **Gleitschirmflieger** ist mit dem Veranstalter **Unexplored Kefalonia** (s. S. 129) möglich, ebenso wie **Coasteering, Quad- und Jeep-Safaris.**

KEFALONIÁ ERLEBEN

072ke-sm

Feste und Folklore

Kefalonier lieben es zu singen, zu musizieren und zu feiern. Kein Fest findet ohne traditionellen Gesang, ohne den Klang der typischen Musikinstrumente Bouzouki und Baglamas (Langhalslauten) und ohne einen orthodoxen Priester statt – sofern dieser in der Nähe ist, um die Speisen, die Ernte oder einfach nur die erfolgreiche Saison zu segnen.

Die Griechen unterscheiden zwei Arten von Feiertagen: die **Nationalfeiertage** und die **regionalen Feiertage**, die häufig religiöser Natur sind. Dabei feiert jede Kirche auf der Insel ihr eigenes **Weihfest (Panigíria)** und jedes Kloster seinen Tag der Erstweihe. An Nationalfeiertagen haben in der Regel alle öffentlichen Einrichtungen und die meisten Museen geschlossen. Die meisten Inselfeste finden im Monat August statt.

Wie in Griechenland üblich, werden **bewegliche Feiertage** wie Ostern nach dem **julianischen Kalender** gefeiert, der von dem im restlichen Europa gültigen gregorianischen Kalender abweicht. Das **Osterfest** stellt die höchste Feierlichkeit dar, gefolgt vom **Óchi-Tag** („Óchi" = „Nein"), das an den Widerstand gegen die faschistische italienische Besatzung während des Zweiten Weltkriegs erinnert.

Über Veranstaltungen und Workshops informiert überschaubar und kompakt die folgende privat betriebene Website:

› www.kefaloniabyanna.com

Vorseite: Der Melissáni-Höhlensee 35 bildet eine verträumte Kulisse

Veranstaltungshighlights

› 6. Januar: **Heilige Drei Könige.** Im Rahmen von Epiphanie, auch **Theofánia** genannt, wird Wasser in allen Inselorten feierlich gesegnet (Große Wasserweihe). Außerdem findet eine feierliche Prozession zu den Gewässern statt. Häufig werden die Ikonen von den weiblichen Bewohnern in einer festgelegten Abfolge gewaschen.

› **Karneval:** In Argostóli und Lixoúri 45 werden imposante Festumzüge veranstaltet, bei denen sich die Einheimischen kostümieren. Es wird getanzt und gesungen. Dabei wird Wert auf traditionelle Lieder gelegt. Die größte Parade findet einen Tag vor der Fastenzeit statt.

› **Ostern:** Überall auf Kefaloniá werden Lämmer geschlachtet, Ostereier rot angemalt und traditionelle Tänze zu Volksliedern aufgeführt.

› 21. Mai: **Fest der Vereinigung der Ionischen Inseln.** Die **Eptánisa,** der vertragliche Zusammenschluss der Inseln mit dem griechischen Königreich, erfolgte am 21. Mai 1864. Noch heute wird der Tag in Argostóli groß mit Paraden gefeiert. Für eine musikalische Untermalung sorgen die Orchester der Insel.

› Juli/Aug.: **Eórtia** ist ein großes Kulturfestival in Sámi 30, das mit Theateraufführungen, Konzerten, Ausstellungen und Tänzen gefeiert wird

› Anf. Aug.: Das **Saristra Festival** wird alljährlich im Gedenken an das schwere Erdbeben von 1953 in Alt-Vlacháta 36 begangen. Bei dem Kunst- und Kulturspektakel kann man Konzerte von Nachwuchskünstlern und eher unbekannten Bands sowie Aufführungen von Straßenkünstlern erleben. Für das leibliche Wohl ist ebenfalls gesorgt. Der Eintritt war bisher stets frei. Infos: www.facebook.com/SaristraFestival.

› Mitte Aug.: Lokale Vereine organisieren jedes Jahr in den Ortschaften **Wein-**

feste, beispielsweise zwei **Robóla-Feste** in Valsamáta 27, wobei das größte in Fragáta stattfindet. Traditionelle Musik, Tänze und jede Menge Robóla-Wein sind bei den Feierlichkeiten unabdingbar. Dazu wird Ziegenfleisch und lokaler Käse gegessen.

- 15. Aug.: **Mariä Himmelfahrt** (orthodox: **Mariä Entschlafung**). Dieser Feiertag hat auf Kefaloniá große Bedeutung, denn um ihn rankt sind ein berühmter Mythos. In der Heiligen Kirche der Panagía Fidoúsa 15 in Markópoulo finden sich wundersamerweise Schlangen ein und belagern die Ikone. Das Ereignis wird gebührend gefeiert.
- 16. Aug.: **Fest des hl. Gerásimos.** Großes Fest rund um das Kloster Ágios Gerásimos 25, bei dem Tausende Pilger kommen, um in der Kirche vor dem aufgebahrten Sarg des Inselheiligen (s. S. 57) zu beten. Vor der Kirche findet ein großer Markt statt, bei dem in erster Linie Devotionalien verkauft werden. Der Inselchor singt zu den Feierlichkeiten.
- 26. Aug.: Der **Inselfeiertag** wird auf dem Gelände des Klosters Ágios Gerásimos mit einem Gottesdienst und einem kleinen Markt für Religiöses begangen.
- Ende Aug.: **Internationales Musikfestival.** Im Rahmen des Festivals werden in Argostóli etliche Konzerte zeitgenössischer griechischer und internationaler Künstler in verschiedenen Stadtteilen aufgeführt.
- Ende Aug.: **Barkarole (auch Varkaróla).** Traditionsreiches Fest in Ásos 42 und Lixoúri, bei dem Fischer und andere Einheimische auf kleinen, beleuchteten Booten traditionelle ionische Lieder zum Besten geben, die sogenannten *kantádes*. Das sind rhythmische Gesänge, die meist von der Liebe erzählen. Als krönender Abschluss findet ein Feuerwerk statt.
- Die **Weihnachtsfeiertage** werden mit Gottesdiensten begangen. Kinder singen in den geschmückten und beleuchteten Gassen Weihnachtslieder.

073ke-sm

Gesetzliche Feiertage

- **1. Januar:** Neujahr
- **6. Januar:** Heilige Drei Könige (Theofánia)
- **25. März:** Unabhängigkeitstag Griechenlands
- **März/April:** Ostern
- **1. Mai:** Tag der Arbeit/Fest der Blumen
- **21. Mai:** Vereinigung der Ionischen Inseln
- **Mai/Juni:** Pfingsten
- **15. August:** Mariä Himmelfahrt (Mariä Entschlafung)
- **28. Oktober:** Óchi-Tag (Nationalfeiertag)
- **25./26. Dezember:** Weihnachtsfeiertage

Viele Ikonen werden auf der Insel mit Blumen geschmückt

Kefaloniá kulinarisch

Speisen und Getränke

Kefaloniá bietet für jeden Geschmack das Passende. Natürlich gibt es die klassischen griechischen Tavernen-Gerichte wie den Auberginen-Hack-Auflauf **Moussaká,** den Knoblauch-Gurken-Joghurt **Tzatzíki,** griechischen **Bauernsalat** mit Oliven und Schafskäse, die Fleischspieße **Souvláki** und das Fladenbrot **Píta.** Daneben sind v.a. kleine Appetithäppchen, die sog. **Mezédes,** beliebt. Eine große Auswahl an Mezédes wie Oliven, gebratene Paprikastreifen, frittierte Tomatenbällchen, diverse Käsesorten, Dips und kleine Salate wird in einem Lokal namens **Mezedopoleío** aufgetischt.

074ke-sm

075ke-sm

Fisch und **Meeresfrüchte** wie Garnelen in Tomatensoße, frittierte Oktopusringe, Dorade mit Salat und Kartoffeln sowie marinierte Sardellen stehen ebenfalls auf der Speisekarte vieler Inselrestaurants.

Typisch für Kefaloniá sind die aus Italien stammenden, roten **Mándola,** eine süße Leckerei, die Bonbons ähnelt, bestehend aus Zucker, Mandeln und rotem Seegras. Mandeln bilden auch die Grundzutat der knackigen, auf uralten Rezepten beruhenden **Barboulé** – hier werden die Mandeln karamellisiert. Eine weitere Spezialität ist **Pastokidóno,** eine Nachspeise aus Quitten, Nelken, Zimt und Zucker.

Bestimmte griechische Gerichte wurden nach kefalonischer Art abgeändert. Dazu gehören **Pastéli,** die bekannten leckeren Sesamriegel, die bereits in der Antike großen Anklang fanden, und **Tsouréki,** ein fluffiges Weihnachts- und Osterbrot.

Überaus beliebt ist **Robóla,** eine ausschließlich auf Kefaloniá angebaute Rebsorte, die einen herrlichen Weißwein ergibt. Gern wird dieser zu lokalem Käse und Honig getrunken. Um Robóla und andere regionale Weinsorten kennenzulernen, sei ein Besuch in einer der **Weinkellereien** (s. S. 111) empfohlen, die für wenige Euro Verkostungen anbieten.

Wer stärkere Getränke bevorzugt, der kann sich in einer der zahlreichen **Ouzerien** niederlassen. Hier lässt sich der kräftige Anisschnaps **Oúzo** in der Regel zusammen mit einem kleinen Snack und gewöhnlich in heiterer

Oben: Einige köstliche Mezédes als Vorspeise

Unten: Marinierte Sardellen sind eine beliebte Spezialität

Runde genießen. Neben Oúzo werden **Rakí** (Destillat aus Weintrauben), **Tsípouro** (ein Tresterbrand) oder der weniger bekannte, aber durchaus schmackhafte **Mastícha** (Spirituose mit Mastix-Harz) eingeschenkt.

Kulinarischer Tagesablauf

Das **Frühstück** fällt nach griechischer Sitte eher karg aus. Ein **Frappé**, ein kalt aufgeschäumter Instantkaffee, läutet für die meisten Insulaner den Tag ein. Jedoch hat man sich auf Kefaloniá mittlerweile gut auf internationale Gäste eingestellt: So bekommt man für rund 8 bis 10 € ein reichhaltiges, deftiges Frühstück in einem Café, einer Espresso-Bar oder Taverne, bestehend aus Eiern, Speck, Würstchen, Brot, Marmelade, Honig und Joghurt.

Als **Mittagessen** nehmen Griechen nur eine leichte Mahlzeit zu sich, beispielsweise einen Salat oder einen einfachen Snack, zumeist zu Hause. Allerdings sind vor allem in der Hauptsaison Tavernen, Cafés und Eisdielen auch mittags geöffnet, sodass hungrige Mägen gefüllt werden können. Danach folgt die griechische **Siesta** von 13 bis ungefähr 16 Uhr: Dann sieht man kaum Einheimische auf den Straßen. Wer nicht unbedingt raus muss, macht es sich daheim gemütlich.

Gegen **Abend** wird es auf den Straßen voll, denn dann unternehmen viele Einheimische einen Spaziergang und kehren nicht selten in eine **Taverne** ein. Wenn sich Griechen zum Essen begeben, dann bleibt es selten ruhig: Es wird viel gelacht, geredet und geschlemmt. Nach der Vorspeise folgen das Hauptgericht und zum Schluss ein Nachtisch sowie eventuell ein Schnaps. Als krönenden Abschluss reicht der Gastgeber bzw. Wirt ein kleines „Geschenk", zum Beispiel ein Stück Wassermelone oder Kuchen oder aber einen Oúzo. Diese Form der Gastfreundschaft war früher üblich, wird heute aber leider nicht mehr allzu oft praktiziert. Auf Kefaloniá finden sich jedoch noch einige traditionelle Tavernen, die Wert auf diese Sitte legen.

076ke ©angel_eyes, stock.adobe.com

Oft sieht man Griechen zu später Stunde in einer **Eisdiele** einkehren. Anders als bei uns sind diese meist bis tief in die Nacht geöffnet. Hier lässt man den Tag mit einem leckeren Eis ausklingen.

Trinkgeld ist gerne gesehen, jedoch kein Muss. Man lässt das Geld einfach auf dem Tisch liegen. Das Teilen der **Rechnung** ist in Griechenland unüblich. **Leitungswasser** ist auf Kefaloniá i. d. R. trinkbar, allerdings sollte beim Eigentümer der Unterkunft nachgefragt werden, ob ein tatsächlicher Genuss auch möglich ist. Alternativ kann Trinkwasser in Flaschen gekauft werden.

⌃ In Ásos 42 kann der Tag bei einem Gläschen Retsína ausklingen

Meine Tipps

Lokale mit guter Aussicht

- **Agrapidos** (s. S. 47): Taverne auf einem Hügel mit herrlicher Aussicht auf Póros 19, die Bucht und den Hafen
- **Alexandros** (s. S. 85): sehr idyllisch in Divaráta nahe Mírtos Beach 44 gelegene traditionelle Taverne mit einmaligem Ausblick auf die Umgebung
- **Chefalonia** (s. S. 38): Restaurant in Vlacháta [F9] mit fantastischer Sicht auf das Meer
- **De Bosset Coffee & Cocktails** (s. S. 33): unmittelbar an der De-Bosset-Brücke 2 gelegene Cocktailbar mit tollem Blick auf die Brücke, besonders am Abend, wenn diese beleuchtet ist
- **Il Borgo** (s. S. 56): Restaurant hoch oben vor dem Eingang des Kástro 24 mit einzigartigem Panoramablick auf die Küste und das Meer
- **Ladokolla stin Plagia** (s. S. 92): etwa 7 km südlich von Petaní-Beach 48 in Damoulianáta zu findende Taverne mit schöner Aussicht auf das Wasser
- **Loft Bar** (s. S. 89): Cocktailbar in Lixoúri 45 mit Hafen- und Meerblick
- **Lorraine's Magic Hill** (s. S. 38): beliebte Taverne oberhalb des Ortsstrandes von Lourdáta 13 mit toller Aussicht auf die Wellen
- **Trentis Bar** (s. S. 32): etwas höher gelegene Bar in Lássi [C8] mit reizvollem Meerblick
- **Vinaries** (s. S. 32): Fischrestaurant im Norden von Argostóli in traumhafter Lage direkt am Wasser. Man sitzt lauschig unter Bäumen.

Lecker vegetarisch

Vegetarier können sich auf Kefaloniá wohlfühlen, denn fast jede Taverne bietet auch Gerichte ohne Fleisch und Fisch an. Viele Vorspeisen bestehen ohnehin aus Gemüse. Einige herausragende Lokale mit einem größeren Angebot für Vegetarier sind:

- **Avithos Preview** (s. S. 53): Die malerisch am Meer inmitten von viel Grün gelegene Taverne am Ávithos Beach widmet Vegetariern ein eigenes Menü.
- **Butler's House** €€ (s. S. 31): Die Taverne in Lássi mit teils kuriosem Inventar bietet Vegetariern eine kleine Extrasparte auf der Speisekarte.
- **Galera** (s. S. 43): Das empfehlenswerte Restaurant in Skála 16 bietet viele vegane und vegetarische Gerichte an.

Was wo kaufen?

078ke ©emperorcosar, stock.adobe.com

☐ *Fiskárdo 38 ist ein guter Ort, um auf Souvenirjagd zu gehen*

Einkäufe für den täglichen Bedarf kann man in den zahlreich vorhandenen **Super- und Minimärkten**, aber auch auf die Schnelle am **Kiosk** *(períptero)* erledigen. Fangfrischen **Fisch** direkt aus dem Boot bekommt man in den frühen Morgenstunden im Fischereihafen von Argostóli.

Wer einfach nur bummeln möchte, der kann in der **Fußgängerzone Lithóstroto in Argostóli** viele kleine, aneinandergereihte Lädchen finden. Diese haben allerhand Nützliches und Dekoratives, Kitschiges und Hochwertiges zu bieten. Besonders beliebt sind Souvenirläden und kleine Boutiquen, die luftige Sommermode verkaufen.

Wer **Elektronikartikel** benötigt, zum Beispiel ein neues Ladegerät für das Smartphone, geht in ein Geschäft der Elektronikkette Germanós. Eine größere Filiale befindet sich in der Nähe des Hafens in Argostóli.

Devotionalien lassen sich in größeren Gotteshäusern und Klöstern wie dem Kloster Ágios Gerásimos 25 oder der Heiligen Kirche der Panagía Fidoúsa 15 in Markópoulo erwerben.

Wer sich oder seinen Lieben zu Hause ein hübsches Andenken mitbringen möchte, der wird vielleicht in einem der vielen kleinen **Souvenirshops** fündig. Diese befinden sich in der Regel in touristisch gut erschlossenen Gebieten wie Argostóli, Skála 16, Póros 19, Sámi 30, Fiskárdo 38 und Lixoúri 45.

Vorsicht ist bei **Kunstgegenständen** und **Muscheln** geboten, denn diese dürfen nur unter bestimmten Voraussetzungen ausgeführt werden. Für Muscheln gibt es eine Begrenzung der Arten und der Anzahl. Zudem gibt es eine Reihe weiterer Beschränkungen und Verbote für Schwerter, Messer, Gesteine und Mineralien sowie Antiquitäten. Besucher sollten sich am besten vor dem Kauf und spätestens vor der Ausfuhr beim **Zoll** informieren.

Zu den typischen Mitbringseln gehören traditionelle **Inselprodukte**, etwa die süßen **Mándola** (s. S. 108), für die laut den Einheimischen die **Sesoulas Bakery** (s. S. 33) in Argostóli die beste Adresse ist. **Honig** und weitere Honigprodukte wie Bonbons, Honigkuchen oder Honigkerzen bekommt man bei der Imkerei **Beekeeping DIAS** (s. S. 51) in der Nähe von Metaxáta 22. Für das süße Bienenprodukt ist ferner die **Kefalonia Product Boutique** westlich von Argostóli eine gute Anlaufstelle. Für den inseltypischen **Robóla-Wein** empfiehlt sich ein Besuch bei einer Weinkellerei, etwa Gentilini Winery & Vineyards oder Oreálios Gaea. **Olivenöl** hat beispielsweise Liocharis Olive Oil im Portfolio.

› **Gentilini Winery & Vineyards** <154> wenige Meter nördlich des Flughafens, Tel. 6988633929, https://gentilini.gr, Onlineshop in Planung. Empfehlens-

079ke ©Kizaru, stock.adobe.com

werte familiengeführte Weinkellerei mit jahrzehntelanger Tradition.

› **Kefalonia Product Boutique (Agroboutique Cephalonia)** <155> direkt an der Hauptstraße Ed. Opar. Argostóli – Sámi, Razáta, Tel. 2671022413, www.facebook.com/KerasmaAgroboutique. Hier gibt es viele einheimische Produkte wie Honig und Wein zu kaufen.

› **Liocharis Olive Oil** <156> Elaiourgikí Kefaloniás & Liócharis, Spartiá, nördlich von Metaxáta, Tel. 2671069034, https://tastekefalonia.com, tgl. 10–15.30 Uhr. Hier kann man Bio-Olivenöl direkt vom Erzeuger erwerben, daneben eigenen Honig von Bienen, die ihren Nektar rund um den Aínos-Berg sammeln, und Robóla-Wein aus eigenem Anbau. Einkauf auch im Onlineshop möglich.

› **Orealios Gaea** <157> Omalá, www.orealios.gr/en, Mo–Fr 7–15 Uhr. Rund 400 m südlich des Klosters Ágios Gerásimos 25 gelegene Weinkellerei, die Weinverkostungen in gepflegtem, ruhigem Ambiente anbietet, darunter auch Premium-Robóla-Weine. Eine empfehlenswerte und günstige Möglichkeit, die besten Tropfen der Insel zu probieren.

Sagenhaft schöner Blick vom Berg Aínos 12 aus auf die Küste

Natur erleben

Kefaloniá ist voller Leben: auf dem Land, in der Luft und auch im Wasser. Es ist eines der schönsten Naturparadiese Griechenlands, das sich zusätzlich durch besondere geologische Phänomene auszeichnet.

Geologie und Oberflächenformen

Kefaloniá weist eine große geologische und morphologische Vielfalt auf. Von der Hauptmasse Kefaloniás zweigen **zwei Halbinseln** ab: **Palikí** im Westen und **Erissós** im Norden. Diese sind durch Meeresbuchten und tiefe Täler vom Hauptblock der Insel getrennt. Allerdings existieren auch im Hauptblock tiefe Senken, die die hohen Bergzüge voneinander trennen.

Der höchste Gipfel ist der **Aínos** 12 mit einer Höhe von 1628 m, der ebenso wie weitere Erhebungen der Insel vorwiegend aus **Kalkstein** besteht. In tieferen Gebieten und Tälern treten auch Mergel und Sandstein auf. Wenn Kalkstein verwittert, entsteht **Karst**, eine besondere Landschaftsform. Auf Kefaloniá lassen sich verschiedene **Karstphänomene** beobachten (s. rechts). Der Karst wird durch Niederschläge geformt und bekommt zum Beispiel Risse und Klüfte. Wenn Wasser in den Karst einströmt, entstehen **Höhlen und Grotten.** Die beiden Tropfsteinhöhlen Drogaráti 28 und Melissáni 35 sind heute besondere touristische Anziehungspunkte. Besonders spannend ist das geologische Phänomen der **Katavothren** 6: unterirdische Trichter bzw. Schlucklöcher im Karst, in die das Meerwasser hinein-, aber nicht mehr herausfließt.

Die Ionischen Inseln, und damit auch Kefaloniá, liegen am Schnittpunkt mehrerer tektonischer Platten. Deshalb ist die Insel besonders anfällig für **Erdbeben.** Das letzte schwere Erdbeben, bei dem 91% der Häuser auf der Insel zerstört wurden, ereignete sich 1953. Lediglich der Norden rund um Fiskárdo 38 kam glimpflich davon (s. S. 70).

In mittleren und tieferen Lagen ist **Terra Rossa** der vorherrschende **Bodentyp,** der im Mittelmeerraum häufig anzutreffende Kalksteinrotlehm. Daneben tritt auch **Pararendzina** auf, auf dem wegen des lehmigen Sandes **Ackerbau** möglich ist. Die Pflanzen werden dadurch gut mit Nährstoffen versorgt. In höheren Lagen kommt auch **Rendzina** vor, ein dunkler, humusreicher Boden mit geringer Tiefe, der eher karg bewachsen ist.

Flora

Wegen der milden Winter und der heißen Sommer, der Regenzeit zwischen Oktober und Februar und der Trockenperiode zwischen März und September haben sich auf der Insel vor allem **immergrüne Hartlaubbüsche,** Klein- und Halbsträucher sowie vorwiegend einjährige Arten durchgesetzt. Außerdem gedeihen hier robuste **Kräuter** wie Rosmarin, Thymian und Oregano.

MEIN TIPP

Karstphänomene

Auf Kefaloniá gibt es zahlreiche Karsterscheinungen. Karst bezeichnet ein durch Wasser ausgelaugtes Gebirge aus Kalkstein. Am bekanntesten sind die **Katavothren** 6, Schlucklöcher im Karst, die das Meerwasser gewissermaßen „einsaugen".

Daneben existieren **Einsturzdolinen und -schächte:** trichter- oder schüsselförmige Senken im Karst, bei denen der obere Bereich eingestürzt ist. Besonders viele gibt es rund um Sámi 30, etwa die Höhlen Drogaráti 28, Melissáni 35 und Zerváti (s. S. 68).

Bekannt ist Kefaloniá außerdem für ausgedehnte **Poljen,** rundum geschlossene Hohlformen im Karst, die einen zumeist ebenen Boden aufweisen und häufig von steilen Hängen umgeben sind. Poljen weisen entweder einen unterirdischen Abfluss auf, liegen komplett trocken oder werden durchflossen. Eine besonders große Polje ist dem Südwesthang der Hauptgebirgskette in der Inselmitte vorgelagert. Dort befinden sich das Kloster Ágios Gerásimos 25 und der Ort Valsamáta 27.

Eine **Karstwanne (Uvala),** eine flache Mulde, ist meist kleiner als eine Polje. Ein schönes Beispiel hierfür stellt der Graben vor dem Kástro Agíou Georgíou 24 mit den Dörfern Peratáta und Travliáta dar. Weitere trockene Karstwannen finden sich im Norden der Insel.

080ke-sm

Landwirtschaft dominiert in tiefgründigen und nicht zu steilen Lagen auf der gesamten Insel. Neben **Wein** werden Oliven, Getreide, Obst und Gemüse in Gärten, auf Terrassen und auf Feldern kultiviert.

Eine Besonderheit stellen die **Tannenwälder** auf dem Berg Aínos dar, die bereits seit dem Altertum bekannt sind und sich damals noch über weite Gebiete erstreckten. Es handelt sich um die endemische **Kefalonische Tanne** *(Abies cephalonica),* auch bekannt als **Griechische Tanne**, eine Nadelbaumart, die nur ab einer Höhe von 700 m rund um den höchsten Inselberg anzutreffen ist. Schon von Weitem leuchtet einem das „Schwarz" der Tanne, eigentlich ein sattes Dunkelgrün, entgegen. Durch Brände, Beweidung und Rodung wurde der Bestand allerdings drastisch minimiert. Heute steht die Kefalonische Tanne unter Naturschutz. Den Tannenwald schmücken im Frühjahr teilweise endemische Pflanzenarten wie Thymian, Flechten und Moose, Pfingstrosen, Alpenveilchen, Krokusse, Herbstzeitlose und Gänseblümchen.

Daneben bildet die **Aleppo-Kiefer** auf der Insel kleinere Wäldchen, etwa am Stadtrand von Argostóli, in Lássi [C8], am Kástro 24 und in Síssia [F10]. Zudem findet sich auf Kefaloniá ein **Eukalyptus-Wald**, und zwar bei Koutávos in der Bucht von Argostóli. Vertreten sind ferner verschiedene **Eichenarten**, aber auch **Zypressen**, die in Wäldchen bei Sámi 30, im Dorf Razáta [D8] und im gesamten Norden zu finden sind.

Dort, wo aufgrund der Erosion kein Wald wächst, haben sich dichte **Macchia** und **Phrýgana** ausgebreitet. Beide Pflanzenformationen sind typisch für den Mittelmeerraum, sie sind immergrün und ausgesprochen widerstandsfähig: eine Mischung aus Kräutern, niedrigen Büschen und Sträuchern, die mit Vorliebe von Ziegen durchkämmt werden. Im Gegensatz zur Phrýgana hat sich Macchia aus zu Sträuchern reduzierten Bäumen entwickelt. Reich vertreten sind ferner diverse Arten von Zierlauch, Klee und Wolfsmilchgewächsen.

Schön anzusehen sind die teils endemischen **Orchideen**, die im Frühjahr insbesondere auf beweideten Flächen blühen. Kefaloniá hat weitere **endemische Arten** zu bieten, darunter das Leimkraut *Silene cephallenica* und die schöne Glockenblume *Campanula cephallenica,* aber

Kräuter wie Basilikum, Thymian und Rosmarin wachsen auch wild

081ke-sm

082ke-sm

auch Wildnelken und Verwandte des Schneeglöckchens, die auf Felsbrocken im Meer rund um die Insel wachsen. In südlicheren Gefilden am Strand erwacht die weiß blühende Dünen-Trichternarzisse, auch bekannt als Strandlilie, alljährlich aus ihrem Tiefschlaf.

An den Hängen des rund 900 m hohen Berges Kálo Óros nordwestlich von Agía Effimía 37 kann man im Frühjahr Zeuge eines Naturschauspiels werden: Dann verwandelt sich die Landschaft in ein **Blütenmeer** aus Orchideen, Anemonen und Affodil.

Fauna

In höheren Lagen finden sich viele offene Flächen, die **Ziegen und Schafen** als Weidegrund dienen. Um den Berg Aínos leben zurückgezogen einige **Wildpferde.** Mit etwas Glück kreuzen bei einer Wanderung im Norden des Eilands **Eidechsen** den Weg. **Bussarde** können zwischen Mírtos Beach 44 und Ásos 42 gesichtet werden.

Im Sumpfgebiet bei Livádi [B6] lassen sich **Sumpfschildkröten** und zahlreiche **Vogelarten** wie Chukarhuhn, Zwergstrandläufer, Alpenstrandläufer, Höckerschwan und Bachstelze entdecken. Weiterhin sind auf Kefaloniá der Felsenkleiber, die Felsenschwalbe, die Misteldrossel, der Mäusebussard, der Schlangenadler und der Steinschmätzer heimisch. In den tieferen Gängen der Dolinenseen bei Sámi bewohnen augenlose **Heuschrecken** ihr Habitat.

Meeresschildkröten sind am Fischerhafen in Argostóli anzutreffen, an der Südküste legt die **Unechte Karettschildkröte** *(Caretta caretta)* ihre Eier ab. Das Hauptbrutgebiet liegt zwischen den Stränden Kateliós, Moúnda und Skála 16 und steht seit 1983 unter Schutz.

Die **Mittelmeer-Mönchsrobbe** tummelt sich entlang der Küste, vorzugsweise dort, wo diese schroff und felsig ist und tiefe Höhlen aufweist. Diese zählt – ebenso wie die Unechte Karettschildkröte – zu den bedrohten Tierarten.

Welchen Tiere man unter Wasser begegnet, wird im Abschnitt „Tauchen und Schnorcheln" (s. S. 97) näher ausgeführt.

Eine Meeresschildkröte im Hafenbecken von Argostóli

Von den Anfängen bis zur Gegenwart

Kefaloniá blickt auf eine bewegte Geschichte zurück. Fremde Herrscher wie die Osmanen, Venezianer und Briten drückten der Insel ihren Stempel auf. Wiederkehrende, schwere Erdbeben zerstörten die Insel, ihre Infrastruktur und Architektur zum Teil flächendeckend. Doch die Kefalonier ließen sich nicht entmutigen und bauten ihre Insel immer wieder neu auf. Baudenkmäler aus römischer, byzantinischer oder venezianischer Zeit sind bis heute erhalten.

Urgeschichte und Antike

Vor 150 Mio. Jahren: Entstehung der beiden Höhlen Drogaráti 28 und Melissáni 35 durch Heben und Senken der Erdkruste infolge der Gebirgsbildung. Zu jener Zeit bevölkern Vögel, Dinosaurier und frühe Säugetiere die Erde.

Neolithikum und Kupfersteinzeit (11.500–3200 v. Chr.): Küstennahe Funde von Artefakten aus Obsidian und Feuerstein können auf die Zeit um 10.000–6000 v. Chr. datiert werden. Wissenschaftler vermuten eine Besiedelung Kefaloniás vornehmlich an der Küste.

Bronzezeit (3200–1100 v. Chr.): Weitere Küstengebiete werden besiedelt, es wird Handel mit nahen Inselnachbarn betrieben.

1350 v. Chr.: Das größte und wichtigste mykenische Kuppelgrab 20 der Ionischen Inseln entsteht bei Póros 19.

1100–500 v. Chr.: Kráni wird gegründet.

5. Jh. v. Chr.: Kefaloniá gehört zu Korinth.

375 v. Chr.: Die Insel tritt mitsamt den antiken Städten Kráni, Sáme (heute Sámi 30) und Prónnoi dem Attischen Seebund bei. Die drei Stadtstaaten sind Teil der Tetrapolis („Vierstadt"), von der lediglich Pále dem Seebund nicht angehört.

Beginn des 2. Jh. v. Chr.: Kefaloniá gerät unter römische Herrschaft.

188 v. Chr.: Die Römer erobern auch Sámi.

Byzantinische Zeit (395–1085): 395 erfolgt infolge des Todes von Theodosius I. die Reichsteilung des Imperium Romanum in eine westliche und östliche Hälfte, wodurch Kefaloniá an das Byzantinische Reich angeschlossen wird.

Mittelalter

12. Jh.: Die Kirche Paraskeví 14 mit den heute noch gut erhaltenen Fresken wird erbaut, ebenso das Kástro Agíou Georgíou 24.

1085: Der Normanne Robert Guiskard besetzt die Insel, nach ihm wird später Fiskárdo 38 benannt. Die normannische Herrschaft beginnt.

1185–1197: Margaritos von Brindisi regiert die Pfalzgrafschaft Kefaloniá im Auftrag der Normannen.

1197–1358: Die Orsini-Dynastie herrscht über die Insel, das Bistum Kefaloniá wird eingerichtet. Die erste venezianische Herrschaft dauert bis 1497.

1264 Das Kloster Ágios Andréas Milapidiás 23 wird erstmals erwähnt.

13. Jh. Das damalige Männerkloster bei Síssia wird angeblich vom hl. Franz von Assisi errichtet, ebenso entsteht das Kloster Ágioi Fanéntes 31.

1357–1479: erste Herrschaft der langobardischen Tocco-Dynastie (auch Tocchi genannt)

1453: Gründung des Dorfes Metaxáta 22

1497–1481: Kefaloniá wird von den Osmanen besetzt und steht in der Folge unter osmanischer Herrschaft.

1481–1485: Die Tocco-Dynastie herrscht erneut über Kefaloniá.

1485–1500: weitere osmanische Herrschaft, die durch die Venezianer beendet wird

Frühe Neuzeit

1500–1797: zweite venezianische Herrschaft

1504: Das Kástro wird nach der Zerstörung im Krieg gegen die Osmanen wieder aufgebaut.

16. Jh.: Der Venezianische Leuchtturm 39 in Fiskárdo wird errichtet. Die Buchdruckerei erlebt auf der Insel eine Blütezeit. Es werden unter anderem etliche Talmud-Ausgaben gedruckt.

1555–1560: Der hl. Gerásimos (s. S. 57) lebt fünf Jahre lang auf Kefaloniá. 1560 gründet er die Kapelle der Himmelfahrt der Jungfrau Maria direkt neben dem Kloster Ágios Gerásimos 25.

1593–1596: Die Venezianer errichten die Burg von Ásos 43.

1722: Gründung des Klosters der Heiligen Jungfrau von Agrilíon 33

1757: Argostóli wird offiziell Hauptstadt der Insel, zuvor hatte diese Funktion das Kástro inne.

1759: Das Kloster Iperagías Theotókou Kipouréon 47 wird gegründet.

1766/1767: Ein schweres Erdbeben zerstört nahezu ganz Argostóli.

1770: Auf der Platía Kambánas 1 wird der Uhrturm Pírgos errichtet.

Moderne

1797: Kefaloniá wird von den Franzosen besetzt. Argostóli wird Sitz von Ithaque, einem von drei Départements. Die beiden anderen Départements heißen Corcyre (Sitz: Korfu) und Mer-Egée (Sitz: Zákynthos).

1799: Russland und das Osmanische Reich verbünden sich gegen Frankreich und erobern die Ionischen Inseln.

1800: Die Republik der Sieben Inseln wird ins Leben gerufen.

1807: Nach dem Frieden von Tilsit überlässt Russland die Ionischen Inseln Napoleon I.

1809: Kefaloniá wird von der Nachbarinsel Zákynthos besiegt und von den Briten besetzt, die auf Zákynthos eine provisorische Regierung eingerichtet haben. Die britische Herrschaft (ab 1815 britisches Protektorat) dauert bis 1863.

1811: Der Satiredichter Andréas Laskarátos (s. S. 87) wird in Lixoúri 45 geboren.

1813: Die De-Bosset-Brücke 2 wird erbaut.

1815–1863/64: Kefaloniá ist Teil der Vereinigten Staaten der sieben Inseln, die gemäß dem Pariser Vertrag von Großbritannien, Russland, Preußen und Österreich gegründet werden.

1817: Umbenennung des Staatenbundes in Vereinigte Staaten der Ionischen Inseln

1823: Der britische Dichter Lord Byron (s. S. 49) hält sich auf der Insel auf.

083ke-sm

Der Hauptplatz von Argostóli ist nach dem Reeder Panagís Valliános benannt, dessen Statue hier steht

1824: Die Tannenwälder rund um den Berg Aínos 12 werden zum Naturschutzreservat erklärt.

1829: Der Leuchtturm Ágioi Theodóroi 7 von Argostóli wird erbaut.

1835: Die Katavothren 6 werden entdeckt und das Phänomen des „eingesaugten" Wassers wird erstmals beobachtet. Um es sich zunutze zu machen, werden Meerwassermühlen betrieben.

1853: Die Platía Kambánas wird unter den Engländern zum Folter- und Prügelplatz, der Pírgos wird teilweise zum Gefängnis umfunktioniert.

1860: Der kefalonische Komponist Dionýsios Lavrángas wird in Argostóli geboren. Er ist einer der Gründer der Nationalen Musikschule und gilt als Pionier der Oper im Land.

1864: Kefaloniá wird durch Abstimmung des ionischen Parlaments an Griechenland angebunden.

1867: Bei einem schweren Erdbeben wird Lixoúri komplett zerstört.

1868: Der Archäologe Heinrich Schliemann besucht die Insel und erforscht die Katavothren.

1892: Der zweite Leuchtturm wird in Fiskárdo errichtet und löst den venezianischen ab.

20. Jh. und Gegenwart

1914–1918: Erster Weltkrieg, bei dem Kefaloniá verschont bleibt

April 1941: Kefaloniá wird im Rahmen des Balkanfeldzugs im Zweiten Weltkrieg von italienischen und deutschen Truppen besetzt.

Sept. 1943: Italien kapituliert vor den Alliierten (Waffenstillstand von Cassibile). Deutsche Gebirgsjäger besetzen die Insel.

21.–24. Sept. 1943: Massaker von Kefaloniá während der deutschen Besatzung. Mehr als 5000 Italiener werden erschossen.

1953: Bei einem schweren Erdbeben werden 91 % der Häuser zerstört. Alt-Vlacháta 36 und Alt-Valsamáta 26 werden zu Geisterdörfern. Die Bevölkerungszahl sinkt drastisch von 125.000 auf etwa 25.000 Einwohner.

1963: Die Korgialénios-Bibliothek 3 bezieht ein wieder aufgebautes Gebäude.

1979: Errichtung des Monumento ai Caduti Italiani 5 zur Erinnerung an das Massaker von Kefaloniá im Auftrag des italienischen Verteidigungsministers

1983: Gründung der Fokás-Kosmetátos-Stiftung 4

ab 1990: Dank des wachsenden Tourismus erlebt die Insel einen wirtschaftlichen Aufschwung, die Bevölkerungszahl steigt.

1998: Gründung des Botanischen Gartens 10

2001: Der Film „Corellis Mandoline" (s. S. 66) wird auf Kefaloniá gedreht.

2019: Schließung des Pírgos auf der Platía Kambánas

2020–2021: Aufgrund der Coronapandemie beschließt die griechische Regierung einen Lockdown im ganzen Land. Daraufhin bricht der Tourismus auf Kefaloniá ein. Auch 2021 sind noch viele Hotels geschlossen.

2022: Der Tourismus erholt sich langsam. Die Regierung arbeitet an einem Masterplan für den Umbau des Hafens von Argostóli.

2022: Kefaloniá setzt sich das Ziel, zur saubersten Insel Griechenlands zu werden. Es wird das Projekt der nachhaltigen Abfallwirtschaft gestartet und das erste robotergestützte Recycling-Materialsortierzentrum in Griechenland (KDAY) eingesetzt.

2023: Der Plan für den Hafenumbau in Argostóli wird vorgestellt, bei dem neue Fußgängerwege, ein Blindenweg und eine landschaftliche Neugestaltung des Bereichs um die Kavvadías-Statue vorgesehen sind. Die Bauarbeiten sollen Mitte 2024 abgeschlossen sein.

086ke ©alister, stock.adobe.com

An- und Rückreise

Mit dem Flugzeug

Kefaloniá ist von Deutschland aus in rund 3 Std. per **Direktflug** ab München, Frankfurt und Düsseldorf mit den Gesellschaften Condor und Ryanair zu erreichen. In der Hauptsaison findet man Flüge ab 160 € (Hin- und Rückflug), in der Nebensaison ab 100 €. Zuletzt gab es auch Flüge aus Österreich ab Wien mit Austrian Airlines. Alternativ ist eine Anreise von vielen Flughäfen im deutschsprachigen Raum, auch aus der Schweiz, mit **Zwischenstopp in Athen** möglich.

Der Inselflughafen **Aerodrómio Kefaloniás Ánna Pollátou** [C/D9] (Kürzel: EFL) befindet sich rund 7 km südlich der Hauptstadt Argostóli an der Westküste. In der Hauptsaison verkehren bis zu viermal pro Tag **Busse** zwischen dem Flughafen und Argostóli. Tickets kauft man beim Busfahrer für ca. 2 €. In Argostóli fahren die Busse zum Hafen und halten mehrmals in der Stadt.

◁ Vorseite: Ámmes Beach (s. S. 49) liegt in der Einflugschneise

Da die Busse jedoch nicht stündlich fahren und nicht auf den Flugplan abgestimmt sind, ist es praktischer, ein **Taxi** zu nehmen. Dieses kostet standardmäßig zwischen 18 und 22 € pro Fahrt (Fahrt nach Argostóli: ca. 15 Min.). Alternativ kann man sich am Flughafen ein **Mietfahrzeug** buchen, vor Ort gibt es Büros mehrerer Mietwagenanbieter.

› **Infos zum Flughafen:**
www.efl-airport.gr/en

Mit Auto und Fähre

Eine Anreise per Fähre **ab Italien**, beispielsweise von Bari (in 18 Std.) oder Brindisi (in 15 Std.) **nach Sámi** 30, ist in der Sommersaison möglich. Ab Triest, Ancona und Venedig verkehren Fähren nach **Pátras** auf der Halbinsel Peloponnes, die Überfahrt dauert je nach Starthafen zwischen 19 und 36 Std. Von Pátras aus hat man zwei Möglichkeiten: Entweder nimmt man die Fähre direkt nach Sámi (ca. 3 Std.) oder man fährt zunächst mit dem Auto nach **Kyllíni** (ca. 1 Std.), von wo aus die Fähren zweier Fährgesellschaften nach **Póros** 19 übersetzen (ca. 1½ Std.).

085ke-sm

Ebenfalls ist eine Fährfahrt ab Ancona oder Venedig nach **Igoumenítsa** möglich, von wo aus man mit dem Auto auf dem Landweg nach Nydrí auf der Insel Lefkáda fährt (ca. 2 Std.). Von Nydrí setzt eine Fähre nach **Fiskárdo** 38 auf Kefaloniá über (ca. 1½ Std.). **Frühes Buchen** lohnt sich bei Fährüberfahrten ab Italien in der Hochsaison auf jeden Fall, denn die Strecken sind bei italienischen Urlaubern besonders beliebt und häufig schon Wochen im Voraus ausgebucht.

› **Buchung von Fähren:** www.directferries.de, www.goferry.de

Autofahren

› **Allgemeines:** Der heimische Führerschein wird anerkannt. Es gilt Anschnallpflicht, für Zweiräder Helmpflicht. Sofern ein Schild keine andere Regelung anzeigt, hat im Kreisverkehr das einfahrende Fahrzeug Vorrang.

› **Alkohol:** Die Promillegrenze liegt bei 0,5, für Fahranfänger und Motorradfahrer bei 0,0 ‰. Wer sich nicht daran hält, muss mit Geldstrafen von 200 bis 1200 €, ab 0,8 ‰ mit Führerscheinentzug und ab 1,1 ‰ auch mit einer Freiheitsstrafe rechnen.

› **Fahrzeugversicherung:** Fast immer wird eine Vollkaskoversicherung mit Selbstbeteiligung, bei einem Zweirad eine Teilkaskoversicherung abgeschlossen. Eine Haftpflichtversicherung ist In der Regel inbegriffen. Bei Erkundungen auf Schotterpisten ist es sinnvoll, eine Fahrzeugversicherung ohne Selbstbeteiligung abzuschließen. Man sollte darauf achten, dass Reifenschäden abgedeckt sind und dass ein Ersatzrad im Auto liegt.

› **Mietwagen:** Ein Pkw kostet in der Hauptsaison rund 230 €/Woche, Scooter kosten um 120 €/Woche. Mietverträge sind überwiegend auf Griechisch und Englisch. Bei Abschluss müssen in der Regel eine Kreditkarte und ein Führerschein (Auto: Klasse B; 4-rädrige Straßen-Quads: Klasse AM, B; Krafträder: A) vorgelegt werden. Oft wird ein Betrag geblockt. Nach Rückgabe und Begutachtung des Fahrzeugs wird dieser wieder freigegeben. Sinnvoll ist die Mitnahme der Internationalen Versicherungskarte für eine vereinfachte Abwicklung nach einem Unfall. Zudem ist eine Vorabbu-

⌃ Fähren verbinden die Insel u. a. mit Pátras auf der Halbinsel Peloponnes

‹ Warteschlange am beschaulichen Flughafen von Kefaloniá

chung des Mietwagens für den Reisezeitraum Juli und August zu empfehlen, da die Nachfrage in diesen Monaten sehr groß ist.

- **Parken:** Halteverbote gelten in ungeraden Monate bei einer senkrechten Linie auf dem Schild. Halteverbotsschilder mit zwei senkrechten Linien gelten in geraden Monaten. Gelb markierte Straßenränder bedeuten Parkverbot, blau markierte Bereiche sind gebührenpflichtig, weiß markierte gebührenfrei.
- **Straßenverhältnisse:** Touristisch bedeutsame Ortschaften und Sehenswürdigkeiten sind gut erreichbar und sehr gut ausgeschildert, Schlaglöcher sind selten. Sekundäre Sehenswürdigkeiten wie Kirchen und kleinere Klöster lassen sich oft nur über stellenweise sehr enge Schotterpisten erreichen, Geröll und Schlaglöcher können vorkommen. Einige Kapellen sind nur mit einem geländefähigen Fahrzeug zugänglich, entweder wegen der enormen Steigung oder wegen des schlechten Straßenzustands.
- **Tanken:** ähnliches Preisniveau wie in Deutschland. Das Tanken erfolgt in der Regel durch einen Tankwart (Benzin: *venzíni*, Super: *súper*, Bleifrei: *amólivdi*, Diesel: *petréleo/dízel*). Tankstellen sind auch nachts geöffnet, es dürfen keine Kanister mit Kraftstoff ein- oder ausgeführt werden.

Barrierefreies Reisen

Generell weist Kefaloniá an **touristischen Orten** eine **relativ gute Infrastruktur** auf, z. B. ist der Zustand der Straßen und Gehwege vergleichsweise gut. Jedoch gibt es insbesondere für Rollstuhlfahrer und sehbehinderte Personen Hürden: Vor allem Bordsteinkanten können zum Hindernis werden. Enge Gehwege und die vor Läden ausgestellte Ware erschweren häufig ein Durchkommen. Einige Sehenswürdigkeiten wie die Höhlen Drogaráti 28 und Melissáni 35 sind für mobil eingeschränkte Personen nur schwer zu besichtigen. Dies gilt auch für einige kleine, abgelegene Strände. Nur größere Strände wie Skála 16 verfügen über einen befahrbaren Weg zum Strand.

Dennoch kann Kefaloniá ein attraktives Reiseziel für Menschen mit Behinderung sein. Größere **Hotels** bieten auch Zimmer mit barrierefreier Ausstattung an, **Tourenanbieter** (Tipps s. S. 127) gehen auf spezielle Bedürfnisse ein und wissen genau, welche Sehenswürdigkeiten sich gut ansteuern lassen. Viele **Tavernen** und Cafés sind gut für Rollstuhlfahrer erreichbar.

Diplomatische Vertretungen

- **Honorarkonsul der Bundesrepublik Deutschland Korfu,** Leoforos Alexandras 12, 49132 Korfu, Tel. +30 2661049874. Zuständig für die Ionischen Inseln, also auch Kefaloniá
- **Botschaft der Bundesrepublik Deutschland,** Karaolí & Dimitríou 3, 10675 Athen-Kolonáki, Tel. +30 2107285111, http://athen.diplo.de, Mo–Fr 9–12 Uhr
- **Botschaft von Österreich,** Vass. Sofías 4, 10674 Athen, Tel. +30 2107257270, www.aussenministerium.at/athen, Mo–Fr 8–16 Uhr, Bereitschaftsdienst für dringende Fälle außerhalb der Sprechzeiten: Tel. +30 6944278148
- **Botschaft der Schweiz,** Iassíou 2, 11521 Athen-Kolonáki, Tel. +30 2107230364–66, www.eda.admin.ch/athens, Mo–Fr 10–12 Uhr, außerhalb der Bürozeiten: Helpline EDA Tel. +41 800247365, +41 584653333

Geldfragen

- **Bargeld und Kredit- bzw. Debitkarten:** Empfehlenswert ist beides. Bargeld wird für Souvenirläden, Bäckereien, Imbisse und Tavernen, Taxis, Museen und am Kiosk gebraucht. Kreditkarten benötigt man für Fähren, Mietfahrzeuge, Hotels und Notfälle. Unter Umständen fallen für Auslandszahlungen Gebühren an; man sollte sich bei der jeweiligen Bank oder beim Kreditkarteninstitut über die Kosten informieren. Innerhalb Europas kann man auch mit der Debitkarte (in Deutschland auch als Girocard bekannt) problemlos zahlen und am Automaten Geld abheben. Debitkarten mit Maestro-Funktion sind noch bis zu ihrem Laufzeitende gültig, werden aber seit Juli 2023 sukzessive gegen sogenannte Mastercard-Debit-Karten ausgetauscht, mit denen man ebenfalls im Ausland zahlen und Geld abheben kann. Für das Geldabheben im EU-Ausland gelten die gleichen Konditionen wie in Deutschland. Wie hoch die Kosten sind, hängt von der eigenen Bank ab und sollte vor der Reise erfragt werden. Es kann jedoch vorkommen, dass Geldautomatenbetreiber im jeweiligen Land zusätzliche Gebühren erheben. Die Höhe der Kosten muss am Automaten vor der Bestätigung der Abhebung angezeigt werden.
- **Hotelpreise:** in der Nebensaison ab 45 €/Nacht, in der Hauptsaison ab 80 €/Nacht
- **Frühstück:** 8–12 €
- **Lebensmittel:** einheimische Produkte sind günstiger, ansonsten in der Regel ähnliches Preisniveau wie in Mitteleuropa
- **Tagesbudget Hauptsaison:** pro Person ca. 155 € (Unterkunft 70 €, Frühstück 10 €, Taverne mittags 20 €, abends 30 €, Ausflüge 20 €, Museumseintritte 5 €)

Informationsquellen

Kefaloniá im Internet

- **www.kefaloniabyanna.com:** interessanter, ansprechend gestalteter privater Blog zu Kefaloniá mit reichlich Insiderwissen, z. B. über lokale Produkte und Rezepte
- **https://kefaloniageopark.gr/en:** die ideale Website für Geologie- und Natur-

Kefaloniá preiswert

- Auf Kefaloniá lassen sich viele **Sehenswürdigkeiten und historische Stätten** kostenfrei besichtigen. Dazu gehören z. B. die imposante Burg von Ásos 43, die Akrópolis des antiken Sámi 32, die meisten mykenischen Gräber, z. B. das von Póros 20 oder das in Lakíthra 21, aber auch alle Klöster und Kirchen.
- Vergleichsweise günstig sind **Busfahrten** mit der öffentlichen Busgesellschaft KTEL (s. S. 131). Die Preise bewegen sich je nach Fahrtstrecke zwischen 1 und 4 € pro Fahrt.
- Wer bei der **Unterkunft** sparen möchte, sollte sein Quartier nahe oder direkt in Argostóli oder aber im Landesinneren in einem Bergdorf beziehen: Dort ist es günstiger als in den touristischen Orten an der Küste, wie z. B. Fiskárdo 38.
- In außerhalb der touristisch geprägten Orte gelegenen traditionellen **Tavernen** gibt es leckere Hausmannskost, oft in großen Portionen und zu günstigen Preisen.
- Wer **kostenlose Livemusik** mit griechischen Liedern zu schätzen weiß, speist abends am besten auf dem quirligen Hauptplatz Pl. Valliánou in Argostóli.

liebhaber! Hier werden viele auf der Insel lebende Tier- und Pflanzenarten vorgestellt, Wanderrouten beschrieben und traditionelle Tänze, Produkte und Feste vorgestellt (auch auf Englisch).

- **https://griechenlandweb.de/griechenland/kefalonia.php:** auf Deutsch verfügbare Website, die die Insel mit ihren Sehenswürdigkeiten, Stränden und Ortschaften vorstellt, viele Fotos und zum Teil auch Videos
- **www.kefalonia-griechenland.com:** Die von einem Reiseveranstalter betriebene Internetseite bietet einen umfangreichen Überblick über Kefaloniá (auf Deutsch)

Smartphone-Apps

- **Aenos National Park:** auf Englisch verfügbare App des Nationalparks mit Karten, Wanderwegen und Infos zur Natur (kostenlos für Android und iOS)
- **Radiotaxi Kefalonia:** auch auf Englisch nutzbare Taxiruf-App mit Standortanzeige (kostenlos für Android und iOS)

Meine Literaturtipps

- Bernières, Louis de: **Corellis Mandoline,** Hoffmann und Campe, 1996. Der Roman handelt von einer jungen Griechin und einem italienischen Soldaten, die inmitten der Kriegswirren des Zweiten Weltkriegs ihre Liebe zueinander entdecken. Der gleichnamige Film wurde auf Kefaloniá gedreht (s. S. 66).
- Kaltenegger, Roland: **Die Todesinseln des Ionischen Meeres. Das Drama von Korfu und Kefalonia in Dokumenten und Zeitzeugenberichten 1943–1944,** Flechsig, 2015. Dieses Buch rekonstruiert anhand von Zeitzeugenberichten und historischen Dokumenten den Ablauf der Kriegsgeschehen auf den beiden Inseln. Ideal für Geschichtsinteressierte.

Internet und Telefonieren

Auf Kefaloniá gibt es in vielen Lokalen, Hotels und Pensionen kostenloses **WLAN.**

In der EU gibt es **keine Roaminggebühren** mehr. Damit ist das Telefonieren und Surfen mit dem Handy im EU-Ausland so günstig wie zu Hause – es sei denn, man nutzt das Handy im Ausland über einen längeren Zeitraum hinweg, dann können je nach Anbieter Nutzungsobergrenzen gelten.

Beim Telefonieren muss bei Festnetznummern die **Inselvorwahl 26710** vor der eigentlichen Telefonnummer gewählt werden, bei Mobilfunknummern, die stets mit 69 beginnen, entfällt diese. Anrufe aus dem Ausland erfolgen mit der Vorwahl für Griechenland +30. In diesem Buch sind alle Telefonnummern stets ohne die griechische Ländervorwahl, aber mit der Regionalvorwahl angegeben.

Vorwahlen

- **Griechenland:** 0030
- **Kefaloniá:** 26710
- **Deutschland:** 0049
- **Österreich:** 0043
- **Schweiz:** 0041

An vielen Stränden wird auch auf die Bedürfnisse der jüngeren Besucher eingegangen

Medizinische Versorgung

Mit Kliniken und Ambulanzen sowie niedergelassenen **Ärzten** unterschiedlicher Fachrichtungen ist eine gute medizinische Versorgung auf Kefaloniá gewährleistet. Zu beachten ist, dass **Veterinär- und Zahnärzte** stets separat aufzusuchen sind, denn sie sind nicht in Krankenhäusern tätig. Zumeist arbeiten sie auf Abruf und nach telefonischer Terminabsprache. Dazu am besten in einer **Apotheke** (Φαρμακείο, *farmakío)* nachfragen, welcher Arzt gerade Bereitschaft hat bzw. zuständig ist. Dies gilt auch für den Notdienst von **Fachärzten**.

In dringenden Fällen sollte man ein **Krankenhaus** aufsuchen. Achtung: Die anfallenden **Kosten** müssen in der Regel selbst bezahlt werden, da die europäische Krankenversicherungskarte nur bedingt akzeptiert wird. Daher ist es ratsam, alle Arztrechnungen aufzuheben und diese nach der Rückkehr zu Hause bei der heimischen Krankenkasse einzureichen und um eine Erstattung zu bitten.

Wer eine **Auslandskrankenversicherung** hat, der sollte diese vor der Behandlung anrufen und klären, ob sie die anfallenden Kosten sofort übernimmt oder man in Vorkasse gehen muss.

- **Allgemeines Krankenhaus von Kefaloniá** <158> Souidías 17, südwestlich der De-Bosset-Brücke 2, Argostóli, www.kefalonia-hospital.gr, Tel. 2671361100, 24 Std. geöffnet, mit Notfallambulanz
- **Apotheke in Argostóli** <159> Víronos 5, an der Ecke zur Fußgängerstraße Lithóstroto, Argostóli, Tel. 2671024652, Di, Do, Fr 8–14.30, 17–21, Mo, Mi, Sa 8–14.30 Uhr
- › **Apotheke in Skála** <160> westlich der Kirche und des kleinen Parks, https://pharmacy-skala.business.site, Tel. 2671083535, Mo–Fr 9–14, 18–21, Sa 10–14 Uhr

Mit Kindern unterwegs

Viele Lokale haben **Kindermenüs** im Angebot, größere **Hotels** verfügen über **Familienzimmer** und Veranstalter nehmen die Kleinen mit **kindgerechten Ausflügen** ins Visier.

Besonders kinderfreundlich sind die **Strände** Varikó (s. S. 87) und Xi Beach 46 in der Nähe von Lixoúri 45, Platís Gialós und Small Beach (s. S. 29) bei Argostóli und der Stadtstrand von Skála (s. S. 42), da das Wasser sehr seicht ist. In größeren Städten wie Argostóli und an breiteren, touristischen Stränden gibt es öffentliche **Spielplätze** für den Nachwuchs. Weitere Tipps:

087ke ©vikakurylo81, stock.adobe.com

- **Bienen beobachten:** Die Imkerei Beekeeping DIAS (s. S. 51) in der Nähe von Metaxáta 22 veranstaltet für Kinder ab 5 Jahren eine Bienen-Tour, wobei Bienen bei ihrer Arbeit beobachtet und Waben herausgenommen werden dürfen. Anschließend wartet noch eine Verkostung verschiedener Honigprodukte.
- **Eselwanderung:** Donkey Trekking Kefalonia (s. S. 104) bietet geführte Esel-Touren durch die Natur Kefaloniás an, wobei Kinder auf dem Rücken der Esel reiten dürfen.
- **Odysseus Zoo Land** <161> an der Hauptstraße Argostóli – Sámi nahe Sámi gelegen, https://odysseuszooland.com, Tel. 6947070253. Kleiner Zoo mit Tieren wie Rindern, Ziegen, Pferden, Eseln, Enten und Papageien sowie griechischen Gottheiten, ideal für kleine Kinder.

29 **Schifffahrtsmuseum Nautikó Musío Sámis:** Das Museum in der Nähe von Sámi präsentiert kleine und große handgefertigte Schiffsmodelle (s. S. 61).

Notfälle

Notrufnummern

- **Polizei:** Tel. 112 oder 100
- **Feuerwehr:** Tel. 199
- **Notarzt:** Tel. 166

Polizei

- **Polizeistation in Argostóli** <162> Georgikís Scholís, Tel. 2671022200
- **Touristenpolizei:** Tel. 171 oder 2671022815

Kartensperrung

Bei **Verlust der Debit-/Giro-, Kredit- oder SIM-Karte** gibt es für Kartensperrungen eine **deutsche Zentralnummer** (unbedingt vor der Reise klären, ob die eigene Bank bzw. der jeweilige Mobilfunkanbieter diesem Notrufsystem angeschlossen ist). **Aber Achtung:** Mit der telefonischen Sperrung sind die Bezahlkarten zwar für die Bezahlung/Geldabhebung mit der PIN gesperrt, nicht jedoch für das **Lastschriftverfahren mit Unterschrift.** Man sollte daher auf jeden Fall den Verlust zusätzlich bei der Polizei zur Anzeige bringen, um gegebenenfalls auftretende Ansprüche zurückweisen zu können.

In **Österreich** und der **Schweiz** gibt es keine zentrale Sperrnummer, daher sollten sich Besitzer von in diesen Ländern ausgestellten Debit- oder Kreditkarten vor der Abreise bei ihrem Kreditinstitut über den zuständigen Sperrnotruf informieren.

Generell sollte man sich immer die **wichtigsten Daten** wie Kartennummer und Ausstellungsdatum **separat notieren**, da diese unter Umständen abgefragt werden.

- **Deutscher Sperrnotruf:** Tel. +49116116 oder Tel. +493040504050
- **Weitere Infos:** www.kartensicherheit.de, www.sperr-notruf.de

Öffnungszeiten

Die Öffnungszeiten der **Geschäfte** sind unterschiedlich. Einige öffnen bereits um 7, andere erst ab 10 Uhr. Viele Läden sind insbesondere in der Hauptsaison täglich bis spätabends geöffnet. Ausnahmen können in kleineren Ortschaften bestehen. **Mini- und Supermärkte** sind zumeist Montag bis Samstag 8–21 Uhr geöffnet, in der Hauptsaison häufig auch sonntags (in der Nebensaison sonntags geschlossen). **Kioske** haben in der Regel bis 1 Uhr nachts geöffnet.

Die Öffnungszeiten der **Banken** und vieler **Poststellen** sind vornehmlich Montag bis Freitag 8–14 Uhr. Der überwiegende Teil der **Museen** ist Montag bis Freitag 9–14 Uhr geöffnet. In der Hauptsaison kann es auch längere, in der Nebensaison kürzere Öffnungszeiten geben. **Kirchen** sind häufig geschlossen und öffnen lediglich zum Kirchweihfest sowie zu den außen angeschlagenen Messen.

Zum Frühstück ab 7 Uhr laden oft **Cafés, Bars und Eisdielen** ein, die zudem bis spät in die Nacht geöffnet sind. Die meisten **Tavernen** öffnen in der Hauptsaison an sieben Tage pro Woche zu Mittag, es gibt jedoch auch einige, die ihre Pforten bereits zum Frühstück öffnen. Der größte Teil schließt gegen Mitternacht. In der Nebensaison sind nur wenige Lokale geöffnet und der Großteil geschlossen.

Post

Die **Portokosten** für eine Postkarte und einen Brief nach Deutschland, Österreich oder in die Schweiz liegen bei 0,85 € (bis 20 g) und 1,15 € (20–50 g). In der Regel benötigt ein Brief zwischen drei Tagen und mehreren Wochen. **Briefkästen** befinden sich bei den Postämtern.

Sprache

Auf Kefaloniá kommt man neben **Griechisch** und **Englisch** auch gut mit **Italienisch** weiter, da die meisten Besucher aus England und Italien anreisen und sich die Insulaner darauf eingestellt haben. Es gibt sogar viele Menükarten und Schilder in den drei Sprachen. Ein paar Brocken Deutsch verstehen die meisten Einheimischen, die in der Tourismusbranche arbeiten. Wer wichtige Vokabeln und Floskeln auf Griechisch lernen und einen Überblick über die Grammatik erhalten möchte, der sollte sich den Kauderwelsch-Sprachführer „Griechisch Wort für Wort" mit integriertem Wörterbuch aus dem Reise Know-How Verlag zulegen. Einige Floskeln und Vokabeln für den touristischen Alltag sind in der **Kleinen Sprachhilfe** (s. S. 134) im Anhang zusammengefasst.

Touren

Touranbieter finden sich vornehmlich in größeren Städten und in der Nähe touristischer Highlights. Auch der Hafen von Argostóli bietet sich an, um Touranbieter direkt anzusprechen. In der Regel wird ein Treffpunkt vereinbart, etwa am Hafen, oder man wird am Hotel abgeholt.

Häufig angeboten wird eine **Inselrundfahrt**, die die wichtigsten Höhepunkte Kefaloniás wie Mírtos Beach 44, die Höhlen Drogaráti 28 und Melissáni 35, Fiskárdo 38, Ásos 42 und das Kástro 24 sowie eine Weinverkostung beinhaltet. Das Taxiunternehmen Kefalonia Taxi Service (s. S. 131) bietet **private Inselerkundungen** an. Zur Wahl stehen zudem **Rundfahrten zu den historischen Highlights**, die insbesondere die Venezianische Burg von Ásos 43, das Kástro, die Akrópolis des antiken Sámi 32, die Römische Villa von Skála 17 und das Kloster Ágios Gerásimos 25 einschließen. Auch Ausflüge zu den wichtigsten **Kirchen und Klöstern** der Insel stehen auf dem Programm. Beliebt ist ferner ein abendlicher Ausflug nach Fiskárdo (Sonnenuntergangstour) mit Rückkehr gegen

Mitternacht. Ein kulinarischer Höhepunkt ist der Besuch einer **Weinkellerei** mit Verkostung.

Auch zu Wasser gibt es zahllose Ausflugsangebote. Einige Touranbieter organisieren **Bootsausflüge mit Badestopps** in entlegenen Traumbuchten und auf einsamen, kleinen Inselchen. Geführte Touren auf das Nachbareiland **Ithaka** sind dabei besonders gefragt. Ein Erlebnis der besonderen Art sind **Tagesausflüge mit einem Fischer,** bei denen man selbst Fische und anderes Meeresgetier fangen kann und dieses anschließend verspeist (Michalis, s. S. 129). Es lohnt sich auch, auf eigene Faust entlang der Häfen nach Anbietern Ausschau zu halten. Für Wasserratten kann eine ein- oder mehrtägige **Seekajaktour** (s. S. 96) rund um die Insel von Interesse sein.

Ausflüge in die Natur Kefaloniás mit Pferd oder Esel (s. S. 104) oder ganz klassisch zu Fuß sind besonders für naturverbundene Urlauber interessant. Auch **Jeep-Safaris** stehen häufig auf dem Programm. Oder wie wäre es mit einer vom Imker geführten **Bienentour** (s. S. 51)?

Die folgenden Anbieter sind empfehlenswert:

› **Avgerinos Travel Experience** <163> Aktí Miaoúli 24, Sámi, Tel. 2674022333, https://avgerinos-travelexperience.com, Mo–Sa 8.30–21, So 9–21 Uhr. Hier werden die gängigsten Touren wie Inselrundfahrten, Ausflüge in den Norden Kefaloniás und zur Insel Ithaka zu günstigen Preisen angeboten. Es kann online, per Telefon und via E-Mail gebucht werden. Gute Erreichbarkeit auf allen Kanälen.

■ **Kefalonia Cruise Lady O** <164> im Hafen von Argostóli, gegenüber dem Café Compass, https://kefaloniacruise.com, Tel. 6936152250, tgl. 8–22 Uhr. Es werden verschiedene Ausflüge mit der Jacht „Lady O" angeboten, darunter Sonnenuntergangstouren, Ausflüge zu unbewohnten Eilanden nahe der Inselhauptstadt oder Fahrten zu abgelegenen Stränden wie White Rocks und Ftéri (mit Schwimmstopp).

› **Kefalonia Excursions & Tours,** https://kefaloniaexcursions.com, Tel. 2671087452, tgl. 8–22 Uhr. Einer der

088ke ©gatsi, stock.adobe.com

günstigsten Tourenanbieter der Insel, man reist in größeren Gruppen im klimatisierten Reisebus. Einfache Onlinebuchung mit Bestätigung. Einziges Manko: Die Erreichbarkeit per E-Mail und Telefon ist nicht immer gegeben bzw. es werden nicht alle Anfragen beantwortet.

- **La Rotta Transfers & Tours,** https://tourstransferskefalonia.com, https://kefaloniaairporttransfers.com, Tel. 6945675284, tgl. 8–22 Uhr. Exzellenter Service und sehr gute Erreichbarkeit via E-Mail und Telefon. Professionell organisierte Touren aller Art in klimatisierten Fahrzeugen, auch individuelle Zusammenstellung möglich, ebenso barrierefreie Touren. Tipp: Besuch einer Familie im Bergdorf, vor Ort bereitet man zusammen griechische Spezialitäten zu. Bedingungslos zu empfehlen.
- **Michalis** <165> Agía Pelagía, Svoronáta, Tel. 6955588556, www.michalisfishingtourism.com. Im Angebot sind ganztägige Angeltouren mit gemeinsamer Zubereitung der gefangenen Ausbeute an Bord. Dabei wird Wert auf eine kleine Gruppe gelegt. Man kann auch eine private Ausfahrt mit dem Fischer unternehmen. Die Fahrt ist nichts für sensible Mägen, da es mit einem kleineren Boot aufs Meer hinausgeht, das bereits bei wenig Wellengang ordentlich schaukelt.
- **Outdoor Kefalonia,** https://outdoorkefalonia.com, Tel. 6979987611. Hier stehen alle möglichen Outdoor-Aktivitäten zu Land, zu Wasser und in der Luft auf dem Programm: Wandertouren, Jeep-Safaris, Höhlenerkundungen, Coasteering, Abseilen an der Zip-Line und Seekajakfahrten. Auch barrierefreie Angebote.
- **Unexplored Kefaloniá,** https://unexplored.gr, Tel. 2671083693, tgl. 9–21 Uhr. Für Abenteurer und Liebhaber abwechslungsreicher Touren interessant. Es werden Jeep-Safaris, Bootsausflüge, Wandertouren, Paragliding und Quad-Touren angeboten.

Uhrzeit

Griechenland befindet sich in der **Osteuropäischen Zeitzone (OEZ)** und ist somit unserer mitteleuropäischen Zeit (MEZ) **eine Stunde voraus.** Die Uhren müssen demnach bei der Ankunft in Griechenland um eine Stunde vorgestellt und bei der Rückkehr um eine Stunde zurückgestellt werden. Von April bis Oktober gilt auch in Griechenland die Sommerzeit.

Unterkunft

Unterkünfte diverser Arten und Preiskategorien finden sich auf Kefaloniá reichlich. Sie können vorab online oder direkt nach der Ankunft am Hafen gebucht werden. Auch **Pauschalangebote** sind buchbar. **Unterkünfte in Meernähe** oder direkt am Strand sind im Allgemeinen beliebter und in der Regel zuerst ausgebucht. **Hotels und Pensionen im Inselinneren** sind oftmals idyllisch in die Natur eingebettet und bieten nicht selten einen schönen Außenpool.

Preislich gesehen sind Unterkünfte in Strandnähe ab etwa 120 € pro Nacht teurer als Unterkünfte im Landesinneren, die ab 45 € pro Nacht kosten. Zudem existieren Inselbereiche, die wegen ihrer Beliebtheit generell höherpreisiger sind. Dazu zählen insbesondere Fiskárdo 38, Skála 16 und Xi Beach 46. Hier zahlt man je nach Unterkunftsart im Durchschnitt zwischen 150 und 250 € pro Nacht. Deutlich kostengünstiger können privat vermietete **Ferienhäuser, Studios und Apartments** sein (ab 45 € pro Nacht).

Der malerische Melissáni-See 35 von oben betrachtet

089ke-sm

Campingplätze stellen eine weitere preiswerte Variante dar. Gut ausgestattete Plätze gibt es beispielsweise in Argostóli und Sámi 30.

Erwartungsgemäß liegen die Preise von Unterkünften in der **Hauptsaison (Juli–Sept.)** höher als in der Nebensaison.

2024 wurde die bisherige Touristensteuer (Bettensteuer) durch eine **Klimasteuer** ersetzt. Es werden folgende Gebühren pro Tag und pro Zimmer erhoben: Ein- und Zwei-Sterne-Hotels 1,50 €, Drei-Sterne-Hotels 3 €, Vier-Sterne-Hotels 7 €, Fünf-Sterne-Hotels 10 €, vermietete möblierte Zimmer oder Apartments 1,50 €, online vermittelte Wohnungen als Kurzzeitvermietungen 1,50 €.

Verhaltenstipps

In Griechenland gibt es nur wenige Verhaltensregeln, die von denen bei uns gültigen abweichen. Die wichtigste Regel, die es zu respektieren gilt, ist das Tragen angemessener, Knie und Schultern bedeckender Kleidung beim **Betreten religiöser Stätten.** Das **Fotografieren** in Klöstern und Kirchen wird geduldet, ist aber bei Messen und Zeremonien nicht gern gesehen. Besonders zurückhaltend sollte man beim Fotografieren sein, wenn die Überreste eines Heiligen aufgebahrt sind, wie im Kloster Ágios Gerásimos 25, wenn man nicht riskieren will, böse Blicke zu ernten oder gar einen Rausschmiss durch den Priester zu provozieren. Beim Kirchenbesuch wird in der Regel ein kleiner **Obolus** erwartet, insbesondere beim Anzünden einer Kerze, was in griechischen Gotteshäusern Tradition hat. Daher sollte man immer etwas Kleingeld dabei haben.

FKK wird in Griechenland geduldet, aber nur an abgelegenen Stränden praktiziert, am besten weitab von Ortschaften und nicht gerade neben einem Kloster. Wer vom Strand in die **Taverne** geht, sollte dies nicht in Badebekleidung tun, sondern sich erst etwas überziehen. **Wildes Campen** außerhalb der Campingplätze ist verboten.

Häufig gibt es noch veraltete, enge Abwasserrohre, weshalb das Herunterspülen von **Toilettenpapier** nicht erlaubt ist. In der Regel steht für die Entsorgung ein separater Behälter zur Verfügung.

Verboten ist die Ein- und Ausfuhr von **Waffen** jeglicher Art (auch jener, die im Souvenirladen angeboten wer-

Das Ionian Plaza Hotel in Argostóli: ein gepflegtes Boutiquehotel (s. S. 30)

den), außerdem von Mineralien und Funden oder Steinen aus **archäologischen Stätten.** Wegen Spionageverdacht ist ferner das **Fotografieren** militärischer und ziviler Anlagen (Häfen, Flughäfen) untersagt.

Verkehrsmittel

Auf Kefaloniá empfiehlt es sich, ein **eigenes Fahrzeug zu mieten.** Es fahren zwar auch Busse, jedoch sind diese, was die Abfahrtszeiten und die Frequenz betrifft, aktuell nicht gerade touristenfreundlich, zudem halten sie nicht in jedem Ort. Mit einem gemieteten Fahrzeug – sei es ein Auto oder ein Zweirad – kann man die Insel unabhängig erkunden.

Bus

Die Busse auf Kefaloniá werden von dem Busunternehmen **KTEL** betrieben. **Tickets** kauft man vor dem Einstieg am Infostand von KTEL, am besten in Argostóli. Nicht jeder Ort auf Kefaloniá hat einen Infostand, meist nur die größeren Touristenzentren. Man kauft in der Regel ein Einzelticket. Die **Preise** variieren je nach Strecke und Fahrtdauer zwischen 1 und 4 € pro Fahrt. Laut KTEL sollen sich Reisende mindestens 30 Minuten vor der Abfahrt an der Haltestelle einfinden, da die Abfahrtszeit schwanken kann. Kinder unter 6 Jahren und Hunde fahren gratis mit. Die Busse sind nach ihrem Fahrtziel benannt und nicht mit Nummern versehen.

Die **Fahrtzeiten** sind auf den Rhythmus der Einheimischen abgestimmt: Die Busse fahren überwiegend früh am Morgen zwischen 6 und 8 Uhr von den Dörfern in die Inselhauptstadt Argostóli und von dort am frühen Nachmittag zwischen 13 bis 16 Uhr wieder zurück.

Der Ausstieg erfolgt in der Regel an den **Haltestellen,** allerdings kann man den Busfahrer vor der Abfahrt darum bitten, an einem bestimmten Punkt entlang der Linie zu halten. Die meisten Busfahrer tun dies bereitwillig. Der **Fahrplan** wird alle 14 Tage aktualisiert veröffentlicht, d. h. er gilt immer für zwei Wochen. Er ist an den KTEL-Infoständen und online auch auf Englisch verfügbar.

› **Busfahrplan:** https://ktelkefalonias.gr/en/routes/local-routes
› **Netzplan für Touristen:** https://ktelkefalonias.gr/en/tourist-guide/tourist-maps

Mein Tipp

Kefaloniá per Taxi erkunden

Eines der besten **Taxiunternehmen** auf Kefaloniá ist zweifellos Kefalonia Taxi Service. Fánis, der Inhaber, und sein Team sind stets bemüht, ihren Kunden den bestmöglichen Service zu bieten. Über WhatsApp, per Telefon und via E-Mail lässt sich reibungslos und schnell ein Taxi bestellen, zu jeder Tages- und Nachtzeit, rund um die Uhr – egal, wo man sich gerade befindet.

Interessant sind die **privaten Inselrundfahrten.** Diese werden zumeist von Dimítris durchgeführt, der jede Tour zu etwas Besonderem macht. Es werden nicht nur die Highlights angefahren, sondern auch versteckte Sehenswürdigkeiten, die meist nur die Einheimischen kennen. Die privaten Touren können entweder selbst zusammengestellt oder aber vom Unternehmen geplant werden.

› **Kefalonia Taxi Service:** Fánis Papadatos, https://kefaloniataxiservice.gr, Tel. 6945306145, WhatsApp 6977958700, auch Onlinebuchung möglich

Taxi

Alternativ zum eigenen Fahrzeug stehen an den Häfen, am Flughafen und am Hauptplatz Platía Valliánou in Argostóli Taxis bereit.

Den **Fahrpreis** sollte man am besten vorab erfragen, da viele Taxifahrer ohne Taxameter fahren. Tipp: Wer schon vorab weiß, dass er öfters auf ein Taxi angewiesen ist, der sollte die geplanten Touren mit dem Taxifahrer besprechen. Im Normalfall wird ein Rabatt gewährt. Es gibt auch **Fixpreise für feste Strecken**, zum Beispiel:

- **Flughafen – Argostóli:** 18–22 €
- **Argostóli – Skála** (16): 50 €
- **Argostóli – Sámi** (30): 40 €
- **Argostóli – Fiskárdo** (38): 100 €

Wetter und Reisezeit

Die beste Reisezeit für einen **Badeurlaub** ist von Mitte Juni bis Mitte September bei Außentemperaturen über 30 °C und einer Wassertemperatur um die 24 °C. Wer hingegen ausgiebig **wandern** möchte, für den empfehlen sich insbesondere die Monate April, Mai und Anfang Juni sowie der Zeitraum ab Mitte September bis Ende Oktober, da dann die Sonne nicht so erbarmungslos brennt. Frühjahr und Herbst sind auch für **Radfahrer** geeignet, da dann weniger Touristen auf der Insel weilen und der Autoverkehr deutlich abnimmt.

Die **Temperaturen** liegen im April um die 14 bis 17 °C, im Mai schon um die 20 bis 23 °C und im Juni um die 24 bis 27 °C. Die Wassertemperatur erreicht im Juni bereits die 20-Grad-Marke. Ebenso frühlingshafte Temperaturen herrschen im Oktober. Im November wird es frischer und von Dezember bis Februar sind nur noch zwischen 14 und 16 °C zu verzeichnen.

Der **Winter** ist etwas für **Ruhesuchende**, die Kefaloniá fernab vom Besucherandrang kennenlernen möchten oder für einen Aufenthalt mit **kleinerem Budget**, denn dann fallen die Unterkunftspreise in der Regel stark. Allerdings ist dann auch das allgemeine Angebot an Unterkünften, Tavernen, Museen und Sehenswürdigkeiten deutlich eingeschränkt, denn viele haben nur in der **Hauptsaison** geöffnet.

Wetter auf Kefaloniá

Durchschnitt	Jan	Febr	März	Apr	Mai	Juni	Juli	Aug	Sept	Okt	Nov	Dez
Maximale Temperatur	14°	15°	16°	19°	23°	28°	31°	32°	28°	23°	19°	16°
Minimale Temperatur	6°	6°	8°	10°	13°	17°	19°	19°	17°	14°	11°	8°
Regentage	15	14	12	10	6	3	1	2	6	11	15	17
Wassertemperatur	14°	14°	14°	16°	18°	21°	23°	24°	23°	21°	18°	16°

Vorsicht vor freilaufenden Ziegen! Beim Autofahren auf Kefaloniá sollte man stets wachsam sein.

090ke-sm

Kleine Sprachhilfe

Die folgende Sprachhilfe entstammt dem Kauderwelsch-Sprachführer **„Griechisch – Wort für Wort"** aus dem Reise Know-How Verlag.

Alphabet

In dieser Tabelle sind die griechischen Buchstaben (jeweils Groß- und Kleinbuchstabe) den Namen und den deutschen Buchstaben gegenübergestellt.

Α α	alpha	a
Β β	wita	v
Γ γ	gamma	g
	vor i und e:	j
Δ δ	delta	d
Ε ε	epsilon	e
Ζ ζ	zita	s
Η η	ita	i
Θ θ	thita	th
Ι ι	jota	i
Κ κ	kapa	k
Λ λ	lambda	l
Μ μ	mi	m
Ν ν	ni	n
Ξ ξ	xi	ks
Ο ο	omikron	o
Π π	pi	p
Ρ ρ	ro	r
Σ σ, ς	sigma	ss
Τ τ	taf	t
Υ υ	ipsilon	i
Φ φ	fi	f
Χ χ	chi	ch
Ψ ψ	psi	ps
Ω ω	omega	o

Buchstabenverbindungen

ΑΙ αι	e		
Αυ αυ	av	vor Selbstlauten und stimmhaften Mitlauten
	af	vor stimmlosen Mitlauten
ΕΙ ει	i	
Ευ ευ	ev	vor Selbstlauten und stimmhaften Mitlauten
	ef	vor stimmlosen Mitlauten
ΟΙ οι	i	
Ου ου	ou	„u"
ΓΓ γγ	ng	kommt nur im Wortinneren vor
ΓΚ γκ	g	am Wortanfang
	ng	im Wortinneren
ΓΧ γχ	ngch	kommt nur im Wortinneren vor
ΜΠ μπ	b	am Wortanfang
	mb	im Wortinneren
ΝΤ ντ	d	am Wortanfang
	nd	im Wortinneren

Lautschrift

Hier sind diejenigen Lautschriftzeichen aufgeführt, deren Aussprache vom Deutschen abweicht.

ch	vor a, o, u „ch" wie in „Bach"
	vor e, i „ch" wie in „ich"
d	stimmhaftes „th" wie in engl. „these"
e	kurzes, offenes „e" wie in „Ecke"
g	vor a, o, u fast wie ein deutsches Zäpfchen-r
j	wie „j" in „Jäger"
o	kurzes, offenes „o" wie in „oft"
r	Zungen-r (gerollt)
s	stimmhaftes „s" wie in „reisen"
ss	stimmloses „s" wie „ß" in „reißen"
th	stimmloses „th" wie in engl. „thing"
v	„w" wie in „Witwe"

Besonderheiten

Fragen enden nicht mit „?", sondern mit „;".

Die wichtigsten Floskeln und Redewendungen

Ναι	Ne	Ja
Οχι	Óchi	Nein
Ευχαριστώ	Efcharistó	Danke
Παρακαλώ	Parakaló	Bitte (Antwort)

+++ Die wichtigsten Wörter mit dem Bonus-Audiotrack des Kauderwelsch-

Ευχαριστώ επίσης.	Efcharistó epíssis.	Danke, gleichfalls.
Αντίο!	Adío!	Auf Wiedersehen!
Γεια σου!	Jássu! (Du)	Hallo, Guten Tag, Tschüss!
Γεια σας!	Jássass! (Sie)	Hallo, Guten Tag, Tschüss!
Καλημέρα.	Kaliméra.	Guten Tag.
Χαίρετε!	Chérete!	Auf Wiedersehen!
Καλώς ορίσατε!	Kalós oríssate!	Herzlich willkommen!
Τι κάνεις;	Ti kánis;	Wie geht es dir?
Τι κάνετε;	Ti kánete;	Wie geht es Ihnen?
Καλά ευχαριστώ.	Kalá efcharistó.	Danke, gut.
Εντάξει.	Endáksi.	In Ordnung, o. k.
Δεν ξέρω.	Then kséro.	Ich weiß nicht.
Καλή όρεξη!	Kalí óreksi!	Guten Appetit!
Γεια μας!	Jámass!	Zum Wohl!/ Prost!
Συγγνώμη!	Ssignómi!	Entschuldigung!
Λυπάμαι πολύ.	Lipáme polí.	Es tut mir sehr leid.

Die wichtigsten Fragewörter

τι;	ti;	was?, wie?
ποιος/ ποια/πιο;	pios/ pia/pio;	welche(s, -r)?
Ποιος είναι αυτός;	Pios íne aftós;	Wer ist das?
ποιανού;	pianoú;	wessen?
πού;	poú;	wo?/wohin?
από πού;	apó poú;	woher?
γιατί;	jatí;	warum?
πόσο;	pósso;	wie viel?
μακρά;	makriá;	wie weit?
πότε;	póte;	wann?

Die wichtigsten Richtungsangaben

αριστερά	aristerá	(nach) links
δεξιά	deksiá	(nach) rechts
κατ'ευθείαν	katefthían	geradeaus
πίσω	písso	zurück
απέναντι	apénandi	gegenüber
δίπλα	dípla	nebenan
μακριά	makriá	weit
κοντά	kondá	nah
εδώ	edó	hier
εκεί	ekí	dort
διασταύρωση	diastávrossi	Kreuzung
έξω από την πόλη	ékso apó tin póli	außerhalb der Stadt
στο κέντρο	sto kéndro	im Zentrum

Die wichtigsten Zeitangaben

προχθές	prochthés	vorgestern
χθες	chthes	gestern
σήμερα	ssímera	heute
αύριο	ávrio	morgen
μεθαύριο	methávrio	übermorgen
το πρωί	to proí	morgens
το μεσημέρι	to messiméri	mittags
το βράδυ	to vrádi	abends
απόψε	apópse	heute Abend
καθημερινά	kathimeriná	täglich

Wochentage

Montag	*Δευτέρα*	Deftéra
Dienstag	*Τρίτη*	Tríti
Mittwoch	*Τετάρτη*	Tetárti
Donnerstag	*Πέμπτη*	Pémpti
Freitag	*Παρασκευή*	Paraskeví
Samstag	*Σάββατο*	Sávvato
Sonntag	*Κυριακή*	Kiriakí

Die wichtigsten Fragen und Bitten

Έχει ...;	Échi ...;	Gibt es ... ?
Έχετε ...;	Échete ...;	Haben Sie ... ?
Ψάχνω ...	Psáchno ...	Ich suche ...
Χρειάζομαι ...	Chriásome ...	Ich brauche ...

Δώστε μου, παρακαλώ ...	Dóste mou, parakaló ...	Geben Sie mir bitte ...
Θα ήθελα ...	Tha íthela ...	Ich hätte gerne ...
Πόσο κάνει ...;	Pósso káni ...;	Wie viel kostet ... ?
Θέλω να πάω ...	Thélo na páo ...	Ich möchte nach ... gehen.
Πηγαίνετε με ... παρακαλώ	Pijénete me ... parakaló	Bringen Sie mich/mir bitte ... (zu .../nach ...)
Θέλω να τηλεφωνήσω.	Thélo na tilefonó	Ich möchte telefonieren.
Βοηθήστε με παρακαλώ!	Voïthíste me parakaló!	Helfen Sie mir bitte!

Im Restaurant

Wasser	*νερό*	neró
Wein	*κρασί*	krasí
Bier	*μπύρα*	bíra
Limonade	*λεμονάδα*	lemonáda
Flasche	*μπουκάλι*	boukáli
Glas	*ποτήρι*	potíri
Brot	*ψωμί*	psomí
Salat	*σαλάτα*	saláta
Suppe	*σούπα*	soúpa
Fleisch	*κρέας*	kréas
Fisch	*ψάρι*	psári
Kartoffeln	*πατάτες*	patátes
Gemüse	*λαχανικά*	lachaniká
Käse	*τυρί*	tirí
Oliven	*ελιές*	eliés
Tomaten	*ντομάτες*	domátes
Auberginen	*μελιτζάνες*	melitzánes
Zucchini	*κολοκυθάκια*	kolokithákia
Ich möchte bitte zahlen.	*Θέλω να πληρώσω παρακαλώ.*	Thélo na pliróso parakaló.

Nicht verstanden? – Weiterlernen!

Μιλάω μόνο λίγο ελληνικά.	Miláo móno lígo Elliniká.	Ich spreche nur ein bisschen Griechisch.
Μιλάει κανείς αγγλικά;	Miláe kanís angliká;	Spricht hier jemand Englisch?
Πώς λέγεται στα... ;	Pos léjete sta ... ;	Wie heißt das auf ... ?
Ελληνικά	Elliniká	Griechisch
Γερμανικά	Jermaniká	Deutsch
Δεν κατάλαβα τίποτα.	Den katálava típota.	Ich habe nichts verstanden.
Ορίστε;	Oríste;	Wie bitte?
Να μιλάτε αργά!	Na miláte argá!	Sprechen Sie langsam!

Register

Auf Kefaloniá blüht es auch in vielen Klöstern üppig

096ke-sm

Impressum

Sandra Mwamba

InselTrip Kefaloniá

© Reise Know-How Verlag
Peter Rump GmbH
2., neu bearbeitete und aktualisierte Auflage 2024

ISBN 978-3-8317-3897-7

Druck und Bindung:
mediaprint solutions GmbH, Paderborn

Herausgeber: Ulrich Kögerler, Klaus Werner
Layout: amundo media GmbH (Umschlag, Inhalt), Peter Rump (Umschlag)
Lektorat: amundo media GmbH
Karten: Ingenieurbüro K. Wendler, amundo media GmbH
Anzeigenvertrieb: KV Kommunalverlag GmbH & Co. KG, Alte Landstraße 23, 85521 Ottobrunn, Tel. 089 928096-0, info@kommunal-verlag.de
Kontakt: Osnabrücker Str. 79, 33649 Bielefeld, info@reise-know-how.de

Alle Angaben in diesem Buch sind gewissenhaft geprüft. Preise, Öffnungszeiten usw. können sich jedoch schnell ändern. Für eventuelle Fehler übernehmen Verlag wie Autorin keine Haftung.

Bildnachweis

Umschlagvorderseite: ©Igor Tichonow, stock.adobe.com | Umschlagrückseite: Sandra Mwamba | Umschlagklappe rechts: ©adisa, stock.adobe.com

Soweit ihre Namen nicht vollständig am Bild vermerkt sind, stehen die Kürzel an den Abbildungen für die folgenden Fotografen, Firmen und Einrichtungen. Sandra Mwamba: sm

Kefaloniá mit PC, Smartphone & Co.

QR-Code auf dem Umschlag scannen oder **www.reise-know-how.de/inseltrip/kefalonia24** eingeben und die **kostenlose Web-App** aufrufen (Internetverbindung zur Nutzung nötig)!

★**Anzeige der Lage und Satellitenansicht aller** beschriebenen Sehenswürdigkeiten und weiteren Orte
★**Routenführung** vom aktuellen Standort zum gewünschten Ziel
★**Exakter Verlauf** der empfohlenen Wanderungen
★**Audiotrainer** der wichtigsten Wörter und Redewendungen
★**Updates** nach Redaktionsschluss

GPS-Daten zum Download

Die GPS-Daten aller Ortsmarken und Wanderungen stehen auf der Produktseite des Titels auf www.reise-know-how.de zum Download zur Verfügung.

Inselplan für mobile Geräte

Um den Inselplan auf Smartphones und Tablets zu nutzen, empfehlen wir die App „Avenza Maps" der Firma Avenza™. Über die Funktion „Store" kann die „Islandmap Kefalonia 2024" kostenlos geladen werden.

Die Information über und die Bereitstellung von digitalen Zusatzinhalten (z. B. Web-App, Links, GPS-Tracks o. Ä.) ist eine freiwillige Zusatzleistung des Verlages, auf die kein Anspruch besteht und für deren Richtigkeit aufgrund der Veränderlichkeit solcher Informationen auch nicht gehaftet werden kann. Insbesondere behält sich der Verlag deshalb vor, die Bereitstellung und die Zugriffsmöglichkeit zeitlich zu befristen und den Zugriff hierauf auch vorfristig abzuschalten.

Zeichenerklärung

11	Sehenswürdigkeit
[C2]	Verweis auf Planquadrat im Insel-Faltplan
	Archäologische Stätte
	Aussichtspunkt
	Burg, Festung, Fort
	Flughafen
	Hafen
	Höhle
	Kirche, Kloster
	Leuchtturm
★	Sehenswürdigkeit
	Strand
	Tauchspot
	Windmühle
	Windrad
	Zeltplatz, Camping
	Einkaufen, Sonstiges
	Übernachtung/Unterkunft
	Essen und Trinken
	Nachtleben
	Aktiv

Bewertung der Sehenswürdigkeiten

★★★	nicht verpassen
★★	besonders sehenswert
★	wichtig für speziell interessierte Besucher